本专著受江西农业大学经济管理学院和江西省乡村振兴
在此表示感谢！

U0514470

中国上市公司
金融化影响研究

理　论　与　实　证

李明玉 ◎ 著

中国财经出版传媒集团

经济科学出版社

Economic Science Press

图书在版编目（CIP）数据

中国上市公司金融化影响研究：理论与实证／李明玉著.
—北京：经济科学出版社，2022.3
ISBN 978－7－5218－3479－6

Ⅰ.①中⋯　Ⅱ.①李⋯　Ⅲ.①上市公司－金融管理－
研究－中国　Ⅳ.①F279.246

中国版本图书馆 CIP 数据核字（2022）第 044440 号

责任编辑：顾瑞兰
责任校对：齐　杰
责任印制：邱　天

中国上市公司金融化影响研究：理论与实证
李明玉　著
经济科学出版社出版、发行　新华书店经销
社址：北京市海淀区阜成路甲 28 号　邮编：100142
总编部电话：010-88191217　发行部电话：010-88191522
网址：www. esp. com. cn
电子邮箱：esp@ esp. com. cn
天猫网店：经济科学出版社旗舰店
网址：http://jjkxcbs. tmall. com
固安华明印业有限公司印装
710×1000　16 开　12 印张　200 000 字
2022 年 3 月第 1 版　2022 年 3 月第 1 次印刷
ISBN 978－7－5218－3479－6　定价：59.00 元
（图书出现印装问题，本社负责调换。电话：010－88191510）
（版权所有　侵权必究　打击盗版　举报热线：010－88191661
QQ：2242791300　营销中心电话：010－88191537
电子邮箱：dbts@ esp. com. cn）

前　言

"企业引领着金融何去何从"（Joan Robinson，1952），阐释了金融是为生产性部门服务的这一角色定位，然而近年来各国的金融化趋势似乎正改变着这一规律。中国经济经历了十余年的金融周期繁荣和信贷扩张，金融业增加值对 GDP 的贡献率从 2002 年的 4.6% 上升至 2020 年的 7%[①]，推高了非金融部门的杠杆率以及包括金融资产和房地产在内的一系列资产价格，这又进一步激励了包括企业在内的非金融部门不断增加金融投资，最终呈现实体经济的金融化趋势。中国经济的金融化，不仅体现在宏观层面的杠杆率高企和资产价格上涨，更体现在微观企业层面，主要包括非金融企业对金融资产的配置比例提高和金融收益对总利润的贡献率提升两个方面，称之为狭义金融化程度的上升。

金融化程度的上升引起了业界和理论界的高度关注。金融化是否会改变企业管理层的投融资决策，使得金融投资"挤出"实业投资？在金融投资和实业投资并行的选择下，金融化会如何影响企业投资效率？从企业价值创造和增值的角度来看，金融化会促进还是抑制企业价值的增长？本书以 2007～2018 年中国 A 股非金融（含非房地产）上市公司的年度数据为样本，实证分析了金融化与实业投资水平、投资效率及企业价值的关系，以及不同动机下金融化影响的差异，主要研究思路与研究内容如下。

首先，介绍中国宏观金融化和企业微观金融化的发展现状，回顾并综述相关理论。宏观和微观金融化的相关研究主要围绕几个方面展开：金融

---

① 2019 年金融业增加值占 GDP 比重为 7.8%。

化的界定和测度、金融化对宏观经济的影响、金融化对企业投资的影响、企业配置金融资产的原因。宏观层面的研究远多于微观层面的研究且结论存在较大差异，持负面批判观点的文献多于持正面支持观点的文献。

其次，基于新古典经济学中企业追求股东价值最大化的理论框架，构建投融资的约束条件，从投资资金的供给和需求两个角度分析实业资产和金融资产对约束条件的影响；推导出企业资本积累的影响因素函数，分析实业投资率的高低由实际投资与合意投资之间的差异决定，为金融化对实业投资的"挤出效应"和"蓄水池效应"寻找理论依据。为更全面度量金融化，创新性地构建存量和流量两个指标，然后关于金融化存量和金融化流量如何对当期实业投资和下期实业投资产生影响；这种正面或负面影响与融资约束程度的关系；以及企业规模、国有股权比例、内源性现金和货币政策宽松程度对金融化边际影响的调节效应展开多角度的实证分析。

再次，在分析了托宾 Q 模型的固有缺陷后，基于剩余收益估值框架，构建代表投资机会的复合指标，将其引入理查德森（Richardson，2006）的新增投资支出决定因素模型，以此估计预期投资和非效率投资。然后实证分析金融化存量指标、金融化流量指标与非效率投资之间的关系，研究重点在于金融化便利企业融资渠道的机理，以及这种机理对投资效率的影响。分别对金融化与非效率投资的线性模型和非线性模型进行实证分析，通过多种回归方法验证了金融化与非效率投资之间存在 U 形关系，并验证了企业规模、现金存量对金融化的边际影响存在调节效应。

最后，在综合比较各主要估值方法的优劣之后，为了与股东财富来源于价值创造的经济学假设相符，采用更能反映企业价值创造及增长的经济增加值回报率（REVA）指标来度量企业价值，基于 Penman-Nissim 财务框架，分别构建反映金融化不同动机的资本积累率指标和金融收益贡献率指标，并就金融化对企业价值的影响进行分组回归，检验金融化对企业价值的推动作用或抑制作用的发生条件，继而检验融资约束程度对金融化边际影响的调节效应。

通过以上研究，得出以下主要结论。

第一，非金融上市公司的金融化存量会对当期实业投资产生"挤出效应",且主要发生在融资约束公司;而金融化流量会对下期实业投资产生"蓄水池效应",且主要发生在非融资约束公司。考虑实业投资在连续时间上的相关性及各公司在同一年度上的组间异质性,采用以解释变量滞后项作为工具变量的差分 GMM 方法以及进行分组回归,均证实了这一结论。进一步的调节效应分析发现,"挤出效应"会随着企业规模的缩小和国有股持有比例的提高而增强,从侧面反映出小企业倾向逐逐短期资本收益以及国有企业代理成本高企的问题。另外,随着广义货币供给量增速的提升,金融化产生的"挤出效应"增强,说明宽松的货币政策未能充分灌溉实业投资,却激励企业进行金融投资,反映出实业投资率下降的直接原因并非金融化,而可能是由于货币政策传导机制不畅导致的经济脱实向虚。稳健性检验证明了金融化的"挤出效应"并不会持续,上市公司仍然会回归主业,提升实业投资才是谋求股东价值最大化的终极追求。

第二,从整体来看,适度的金融化能提高实业投资效率,但这种边际正向影响会随着金融化程度趋近拐点而递减,当金融资产持有比例或金融资产收益率漫过拐点,实业投资效率会随着金融化程度的提高而降低,即金融化与非效率投资之间存在 U 形关系,且民营企业中的 U 形关系比国有企业明显。其原因可能在于:适度金融化能以金融资产的高流动性和可撤销性有效缓解融资约束,提高投资效率;而过度金融化则会改变管理层的经营和投资优序进而挤压具有正净现值的项目,使投资选择和决策更加盲目,从而降低投资效率。另外,金融化程度与非效率投资的 U 形关系主要体现在过度投资组,原因在于:金融收益对下期实业投资的"蓄水池效应"将提升企业的内部融资能力与投资的抗风险能力并最终提升投资效率,但过度的金融资产收益会使管理层的投资更冲动盲目,最终降低投资效率。

第三,金融化对企业价值的抑制作用是依赖一定条件产生的,这主要取决于非金融上市公司的金融化动机,"良性动机"下的适度金融化将对企业价值增长产生良性影响,"劣性动机"下的无节制金融化将对企业价值增长产生劣性影响。"良性动机"指的是"资本积累动机"。当企业并非出于资本积累动机配置金融资产时,增加金融资产配置比例对企业价值具有负向抑制作用；而当企业出于资本积累动机配置金融资产时，增加金融资产配置比例对企业价值具有正向提升作用。"劣性动机"指的是"市场套利动机"。当企业出于"市场套利动机"金融化时，增加金融资产配置比例对企业价值具有负向抑制作用；而当企业并非出于"市场套利动机"金融化时，增加金融资产收益对企业价值具有正面提升作用。另外，融资约束程度在金融化对企业价值的边际影响中发挥调节效应，融资约束程度越严重时，金融资产配置比例的提高对企业价值的抑制作用越明显。本书通过混合 OLS 和固定效应等方法进行回归检验，结果都支持了该结论。

综上，从两个角度提出政策建议：站在企业角度，管理层应明确主营业务和金融业务之间的主次关系，将获取金融投资收益的目的定位于资本积累而非市场套利，并拓展多元化股权结构；保持适度的金融资产配置比例，避免"挤出"实业投资和抑制投资效率；更好地发挥金融收益对实业投资的"蓄水池效应"，为企业价值提供内生增长动力。站在政府角度，应加强资本市场监管，通过制度性约束防止过度的金融投资行为，加强信息披露，防范系统性风险；提高货币政策和金融改革的针对性和实施效率，谨防"大水漫灌"；营造良好的投资环境，缓解企业的融资约束，激励企业技术创新，提升实业投资回报率。

目　录

第1章　导论

1.1　研究背景与研究意义

1.1.1　研究背景

金融是国民经济的核心，金融对于当代经济社会之所以重要，在于其从资源定价、市场流通和财富分配等方面影响着企业生产和社会发展的进程。改革开放40多年以来，中国的金融机构和金融市场在宏观调控政策的推动下取得了快速且长足的发展。尤其是最近20多年，中国成为全球新增上市公司最主要的来源，中国上市公司数量的增速位列全球第一。党的十八届三中全会提出，中国全面深化改革的核心任务是构筑统一、开放、竞争、有序的市场体系。资本是生产性企业最重要的生产要素，金融机构和金融市场的发展是合理配置资本要素的体制机制保障。"深化多层次资本市场改革"已连续6年出现在政府工作报告中，政府政策旨在通过深化改革，充分发挥金融市场功能，不断提高市场包容性，持续优化资本形成机制，让金融更好地服务于实体经济，从而推动中国经济转型升级。

然而，在中国金融市场和金融机构不断发展的过程中，新兴经济加转型体制的特征矛盾逐渐凸显，在市场发展初期建立的制度安排由于经济发展不充分，部分已成为当前金融体系发展的制度障碍，中国上市公司尤其是上市国有企业的路径依赖问题严重，结构性、体制性和周期性问题交织。2012 年以来，中国进入"三期叠加"，经济下行压力增大，上市公司的平均总资产和净利润虽仍然保持正增长，但主营业务收入、净利润增速以及固定资产投资率都呈现下降趋势。而与此形成对比的是，宽松的货币政策环境中，信贷扩张使得非金融部门的杠杆率大幅上升，显著推高了包括金融资产和房地产等一系列资产的价格，这又进一步激励非金融部门增加对金融资产的配置。从宏观数据来看，2018 年末国内主体持有的国内金融资产总额达 636.2 万亿元，是 2007 年末的 4.79 倍，占 GDP 的比例由 2007 年末的 491.3%上升至 2018 年末的 692%。债权类融资快速增长，表外和资管业务快速增长，企业杠杆率快速上升，2016 年达到 159.8%（易纲，2020）。这与 20 世纪 80 年代以来发达资本主义国家出现的"金融化"趋势的外在表现是一致的。

"金融化"的概念最初由政治经济学和宏观经济学领域的学者提出，"企业金融化"是其在微观企业层面的重要分支和理论延伸，在 2007 年的金融危机发生之后，近年来逐渐成为各国学术界研究的热点问题。一般认为，金融化的概念由阿瑞吉（Arrighi，1994）最早提出，此后的大量学者从不同角度对金融化及其表现进行了界定，最有代表性的有三类：第一，金融化是指金融机构、金融市场参与者和企业中的金融部门在国民经济运行中的地位和重要性不断提高，经济活动的重心从制造业、服务业等非金融部门转向金融部门；第二，金融化是一种资本积累模式，企业的主要利润不再是依赖于生产或贸易渠道，而是通过利息、股息和红利等金融渠道获取；第三，金融化是一种股东价值导向的公司治理模式，企业的外部融资不再依赖于商业银行，而是更多来源于资本市场更广泛的金融工具。这三类界定适用于分析不同细分领域的金融化问题，概括的是金融化的表现形式。

在国内社会贫富分化和系统性风险累积的背景下，中央"宏观去杠杆、微观强监管"的政策和细则陆续实施。根据国际清算银行（BIS）的研究，可以通过实际信贷、信贷对 GDP 的比例以及实际房价指数来度量金融周期，据此编制的金融周期指数上升，外在表现是信贷扩张以及房价等一系列资产价格上涨。一个金融周期可持续 15 ~ 20 年，从过去半个世纪的经验来看,当金融周期处于下行期,经济增长平均下降3.4%;当处于金融周期扩张期,经济增长率平均下降2.2%。而以GDP增长和通胀率为代表性指标的经济周期一般持续1~8年,当经济周期和金融周期叠加时,经济扩张或收缩的幅度会放大。BIS的研究显示,金融周期下行时的经济衰退比金融周期扩张时的经济衰退幅度更大、时间更长。

美国、欧元区在近20年都经历了金融周期的向下调整期,并在拐点处发生了金融危机,然后经过几年痛苦的去杠杆,经济逐渐得到了复苏,却又受到2020年新冠肺炎疫情的冲击。而当前的中国经济正处于金融周期接近拐点、上升阶段已经基本结束的时期,为避免重蹈美国、欧元区在拐点发生金融危机的覆辙,研究经济金融化对实体经济的影响,从根源上防范与化解金融风险,合理引导资金流向,显得刻不容缓。正是在这个背景下,2017年的第五次全国金融工作会议在金融发展理念上发生了较大的转变,强调经济去杠杆化,金融应该回归本源服务实体经济,深化金融改革;"机构监管"转变为"功能监管和行为监管",突出市场导向、提高企业主体防范和化解系统性金融风险的能力。同年召开的中央经济工作会议同样强调,未来三年的首要任务是防范和化解重大风险,重点是防控金融风险。如何更好地促进金融体系内部、金融与实体经济之间的良性循环,成为监管部门、金融机构和企业主体面临的一大挑战。

中国经济的金融化,不仅体现在宏观层面的杠杆率高企和资产价格上涨,更体现在微观企业层面的金融化,主要包括非金融企业持有更多金融资产和利润更多来源于金融收益两个方面,这称为狭义金融化率上升(Arrighi,1994;Krippner,2005)。

根据国泰安(CSMAR)数据库显示,A股上市公司中持有金融资产的非金融类公司数量从2007年的672家增长至2016年的1 055家;持有金融资产的总规模从2007年的2 547亿元增长到2016年的15 006亿元,年均复合增长率达到21.78%。且非金融上市公司持有的金融资产类型也呈现多元化趋势,包括传统的股票和债券、理财信托产品、委托贷款等,以及直接参股金融机构。另外,非金融上市公司的金融收益从2007年的537亿元增长到 2014 年的 2 319 亿元，年均复合增长达到 23.24%。① 由此可见，上市公司金融化的进程速度之快、规模之大是前所未有的。而与此同时，企业实业投资意愿低迷，固定资产投资占比（即实业投资率）出现持续下滑态势。根据 Wind 资讯的数据，中国企业平均实业投资率在 2007 年第三季度达到峰值 9% 之后，就呈持续下降趋势，2015 年初已不到 5%。②

在这个背景下，从微观角度关注和研究非金融企业的高杠杆和金融化问题，考察实体企业的金融化程度加深与实业投资低迷并行的现象，以及金融化对实业投资水平、投资效率以及企业价值的影响，目的是从根源上防范和化解金融风险，具有很强的现实意义。

1.1.2　研究意义

1.1.2.1　理论意义

（1）丰富微观层面对金融化理论的研究。宏观层面对金融化的研究成果已经非常丰富，这些研究主要聚焦于 21 世纪以来，金融部门产值占 GDP 的比重越来越高的现状，认为金融部门的内在不稳定性有损于宏观经济的发展，当金融部门膨胀到一定程度，会将利润从实体经济部门抽离出来，从而抑制实体经济的投资。总体来看，宏观角度对金融化的研究大体持批评和消极态度。

相较于宏观研究，微观层面对金融化的研究数量较少且存在较大争议，部分学者认为企业金融化可以在经济下滑期缓解主营业务下降带来的冲击，对于实业投资具有正向作用；部分学者认为过度的金融化会带来固定资产投资和研发投资的"挤出"效应，导致企业长期业绩下降。

从微观层面探索中国非金融上市公司的金融化行为，开展两方面的研

---

① 中国上市公司持有金融资产和获取金融收益的绝对规模数据来源于万得（Wind）金融咨询数据库，但其统计口径与本书实证部分构建的金融化存量指标和流量指标并不一致，在此罗列这两方面的数据只为说明企业金融化的变化趋势，以及金融化趋势主要表现为金融资产持有规模和金融收益规模的快速增长两个方面。

② 2007 年开始的金融危机使得全球各主要经济体纷纷进入衰退，从那时开始的中国实业投资率下降，并非全然由经济金融化造成，而在经济周期理论框架下研究宏观经济冲击以及经济政策不确定性对金融化、实业投资及作用机制的影响，是宏观金融化研究的一个重要方向。

究，将丰富金融化的微观理论。一方面，研究公司的经营收益率、实业投资水平和金融资产配置比率之间的关系，解释企业金融化的行为动机；另一方面，研究企业金融化对投资效率和企业价值的影响，分析企业金融化的经济后果。

（2）丰富企业投资效率理论和融资约束理论。现有研究企业投资效率的文献主要从两个角度建立模型：一类是基于融资约束理论和信息不对称理论建立的"投资—现金流敏感性模型"；另一类是基于代理理论和托宾Q理论建立的"投资水平—投资机会敏感性模型"。前者主要通过检验企业投资关于现金流的敏感性来度量企业的投资效率，两者关系越强，投资效率越低。当企业内部现金流充裕时，管理层往往存在过度投资的倾向，且这种倾向随着自由现金流的增加而增加。后者依据的托宾Q理论认为，充分竞争的自由市场的均衡条件为投资的边际回报等于边际成本；当资本增长率低于投资自然增长率时，企业应当缩减投资；当资本增长率高于投资自然增长率时，企业应当扩大投资。因此，投资水平—投资机会敏感性越低，企业的投资效率越低。当然，也会出现投资规模与投资机会不匹配的情形，这可能是代理问题带来的。

本书将企业的总投资水平分为两个部分，维持现有资产正常运转的维持性投资部分和促进资本积累的新增投资部分，而新增投资部分又由预期投资和非预期投资构成，非预期投资部分越高，表示企业的非效率投资偏离效率投资的程度越大，投资效率越低，因而使用此非预期投资即非效率投资来反向表示投资效率。首先，借鉴理查德森（Richardson，2006）建立新增投资支出的决定因素模型来估计企业的预期投资水平，并使用该模型的残差值来度量非效率投资水平，根据非效率投资是大于0还是小于0分组为过度投资或投资不足的子样本。其次，以非效率投资为因变量建立投资效率的影响因素模型，实证分析企业金融化与投资效率之间的关系，研究重点在于金融化便利企业融资渠道的机理，以及这种机理对投资效率和企业价值的影响，这将从微观金融化的角度丰富企业投资效率理论和融资约束理论。

1.1.2.2 实践意义

资产定价理论指导意义是站在企业内部人的角度，如何在不确定的市场环境下对一项具有未来现金流的资产进行估值并与其市场价格进行比较，以评估风险和收益。金融资产代表了经济主体对未来收益的一种合法索偿权，金融资产定价的基本原则是其当期价值的期望值等于未来一系列现金流的贴现值之和，其定价的合理性主要取决于估算未来现金流的准确程度及贴现率的高低，而贴现率又受到各种市场风险的影响。当企业主体的投资组合中不仅包括实业投资项目，还包括各类金融资产时，如何进行更优的投资决策成为企业管理层和学者面临的新挑战。

企业价值评估是站在企业外部人的角度，从盈利能力、成长机会、风险水平、存续期等方面评价企业的价值创造能力和给投资人带来的回报率高低。企业金融化使企业价值与金融市场的联系更加紧密，金融化将会对企业内部投融资决策、市值管理、企业收购兼并、资本市场发展等产生深远影响。进行金融化对企业价值影响的研究，将丰富资产定价理论和企业估值理论，并指导企业内部人和外部人优化投资决策。

1.2　研究思路与研究内容

本书立足于探寻中国经济金融化的微观基础，研究企业金融资产配置比例显著上升的行为动机（微观原因）和经济后果（微观与宏观后果），为近年宏观经济金融化、实体经济"脱实向虚"的发展现状提供来自微观层面的证据，并为如何提振实体经济、平衡金融市场发展提供一定的宏观政策建议。

本书研究内容与研究目标主要包括以下三个方面。

第一，针对"实业投资率下降真的是由金融化造成的吗？金融化一定会挤出实业投资吗？"的设问，第3章从金融化行为和金融化效果两个角度构建度量金融化程度的指标，并从金融化对实业投资的当期影响和下期影响两个时间维度来进行实证分析。通过多种回归方法检验金融化存量对当期实业投资的"挤出效应"和对下期实业投资的"蓄水池效应"。并在此基础上，分析企业规模、国有股权比例和 M2 增速对金融化边际影响的调节效应。

第二，针对"金融化对投资效率一定存在单调负向的影响吗？"的设问，第 4 章通过理查德森（Richardson，2006）的投资决定因素模型计算出非效率投资指标，然后通过多种回归方法实证分析金融化对非效率投资的线性影响和非线性影响，并分别检验金融化存量和金融化流量的影响是否存在拐点，以及代理成本、企业规模和现金存量在金融化对非效率投资的边际影响中是否发挥调节效应。

第三，针对"金融化一定抑制企业价值增长吗？"的设问，第 5 章从金融化动机的角度，对金融化存量和流量对企业价值的影响进行实证分析，检验上市公司出于"市场套利动机"金融化时，增加金融资产配置比例对企业价值具有负向抑制作用的假设，以及检验当出于资本积累动机配置金融资产时，增加金融资产配置比例对企业价值具有正向提升作用的假设。并在此基础上，分析融资约束程度对金融化边际影响的调节效应。

1.3　技术路线与研究方法

1.3.1　技术路线

本书的技术路线如图 1 - 1 所示。

1.3.2　研究方法

通过理论推导和实证分析相结合，定性分析和定量方法相结合，在国内外前沿文献的研究成果基础上开展研究，具体采用的方法包括以下几种。

（1）文献研究法。通过检索和查阅国内外关于企业金融化的前沿研究成果，结合中国宏观经济环境和上市公司的发展现状，从行为动机和经济

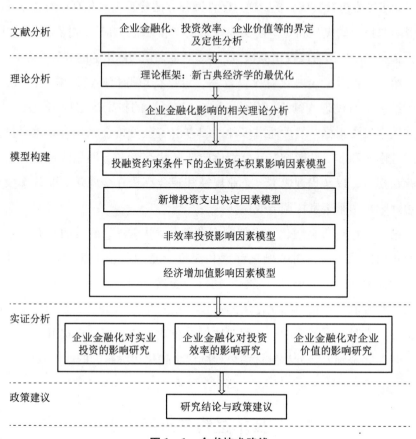

图 1-1 全书技术路线

后果两个大的方向出发，对中国 A 股非金融上市企业金融化问题进行理论研究和实证分析。文献的研究领域包括：金融化的含义、表现形式与测度方式；影响企业配置金融资产的因素及企业金融化的动机；金融化对实业投资和企业业绩的影响；企业投资效率的影响因素；企业价值的影响因素；等等。通过大量的文献阅读和分析，有助于发现现有研究的不足和发展动向，为寻找新的研究视角和分析逻辑提供有益借鉴。

（2）比较研究和理论分析方法。宏观层面的金融化主要立足于金融抑制和金融深化理论，探讨金融发展对宏观经济起到的作用和影响。研究观点的分水岭是 2008 年的金融危机，危机之前的传统理论大多认为金融发展和金融化对经济发展具有支持作用；危机之后，实体经济过度金融化对经济发展的负面影响引起学界广泛关注，经济金融化问题也成为各国制定金融发展战略与金融改革顶层设计必须考虑的重大问题。

微观层面的金融化是宏观经济现象的微观基础，又是金融化产生的根源和动因，而宏观金融化是结果和现象。本书主要立足于资产需求和投资组合理论，结合委托—代理理论、信息不对称理论和融资约束理论、MM理论和权衡理论、金融资产定价和企业价值评估理论，探讨金融化产生的原因以及金融化对企业实体投资、投资效率以及企业价值等的影响。企业金融化的研究尚处于起步阶段，国内外学者的研究结论也未达成普遍一致。因此，基于微观企业层面的金融化研究具有深刻的理论价值和实践意义。

（3）实证分析法。综合运用定量分析法、图表分析法分析企业金融化的表现形式和特征；建立多元回归模型探讨金融化程度变量与其他经济变量之间的关系；在新古典经济学个体最优化的均衡框架下，基于金融理论提出研究假设，然后进行参数估计和假设检验；进行相关性分析；通过混合 OLS 和固定效应 FE 回归检验主回归模型；引入多个调节变量进行调节因素检验；通过引入解释变量滞后项作为工具变量和采用一阶差分广义矩估计（FD-GMM）方法来处理回归模型中的内生性问题；最后从多个角度进行稳健性检验。

第 3 章、第 4 章和第 5 章是本书的核心章节，核心章节中多元回归模型的数据处理和模型估计是运用 Stata15.0 进行，主要数据来源于万得（Wind）、国泰安（CSMAR）数据库和国家统计局官网。

1.4　研究创新与不足

1.4.1　研究创新

第一，在指标构造上，本书在金融资产持有比例这个存量指标的基础上，创新性地增加了反映金融化收益及其带来的内源性现金增加的流量指标；在投资决定因素模型中，基于剩余收益估值框架构建了度量投资机会的复合指标 V/M；构建了更准确地反映企业经营效率和价值创造能力且便于进行截面比较的 $REVA$；创新性地构建了反映"资本积累动机"和"市场套利动机"的指标。

第二，在理论框架上，本书从投资的资金需求和供给两个角度分析金融投资与实业投资的均衡关系；比较了 Tobin's Q 模型等的缺陷，借鉴理查德森（Richardson，2006）构建新增投资支出决定因素模型，采用固定效应估计方法计算非效率投资指标，并从全样本、投资过度组和投资不足组分别检验金融化的非线性影响和各调节效应。

第三，在估计方法上，本书考虑了实业投资在连续时间上的相关性及各公司在同一年度上的组间异质性，进而采用以解释变量的滞后项作为工具变量的一阶差分 GMM 方法；构建了分别包含金融化存量和流量一次项和二次项的回归模型，分别分组回归并检验拐点在定义域中的存在性；深入分析了上市公司金融化的动机，并构建度量不同动机的指标采用分样本回归，从实证方法上缓解了反向因果关系对回归结果带来的偏差，并抓住了金融化的出发点和落脚点分情况讨论。

1.4.2 研究不足

本书在缺乏微观金融化相关参考文献的基础上展开研究，存在诸多不足：首先，关于微观金融化尚未形成统一的度量标准，而不同的度量方法将影响金融化内涵与外延的界定，并改变实证研究的结论。其次，本书各章节实证模型中的控制变量侧重于财务报表中的会计显性指标，却未充分考虑公司治理变量（如董事会结构、大股东掏空、管理层帝国建造、信息透明度等）对实业投资、投资效率和企业价值的影响，也未区分宏观经济趋势因素和周期因素的差异化影响。最后，在第 5 章的回归模型中采用的是同期解释变量，尤其是金融化存量指标和被解释变量进行 OLS 回归时，难以排除双向因果效应。

第 2 章　文献综述与相关理论基础

2.1　文献综述

2.1.1　金融化的含义与测度

2.1.1.1　金融化的含义

学术意义上的"金融化"（financialization）一词最早由巴朗和斯威齐（Baran & Sweezy，1966）提出。而追溯到 20 世纪初，霍布森（Hobson，1902）、希法亭（Hilferding，1910）、列宁（Lenin，1916）等就已经开始了对金融化的理论探讨，分别从不同角度探讨了当时初步显现的金融资本对经济支配力增强的现象。从当时德国和奥地利的经验来看，资本主义的"高度组织化"发展，使得银行与工业高度结合与集中并逐渐融合成一种新的资本形式——金融资本。银行和工业通过彼此持股、信贷和连锁董事等创造了资本的联合，这些联合至少在避免利益冲突上发挥着作用（Rochester，1936；Aaronnvitch，1961）。

托马斯·帕利（Palley，2008）从宏观层面界定了金融化，指出金融化是金融市场、金融机构和食利阶层（激增的金融资产的最终持有人）在经济政策和经济收益领域的影响力上升的一个过程，进而导致金融部门相对于非金融部门对经济的贡献上升，财富和收入从实体领域向金融部门转移，同时扩大贫富差距。

微观层面的金融化若分广义和狭义，可依据企业金融渠道获利占比的不同财务口径。阿瑞吉（Arrighi，1994）提出，广义金融化水平是指非金融企业投资收益、公允价值变动损益、净汇兑收益与其他综合收益之和占总营业利润的比例。狭义金融化水平是指从广义指标中剔除合营和联营企业的投资收益与其他综合收益。克里普纳（Krippner，2005）提出的"金融化水平是企业金融渠道获利占总营业利润的比值"被广泛接受，企业利润的获取越来越依赖于金融渠道，而非传统的商品生产和贸易领域。这一定义既指非金融企业越来越依赖于金融渠道获取收益，也体现在经济体中金融行业利润在各行业总利润中占比上升。

本书的研究对象是中国 A 股非金融类上市公司，"非金融类"是指从所有非 ST 类上市公司中剔除了金融机构、房地产公司和受管制的交通运输行业公司。书中企业金融化指的是微观层面的狭义金融化，从两个方面界定和度量。一方面是行为或过程角度：企业参与金融市场进行资本运作日益增加，投资活动从主营业务实体更多地转向金融资产；另一方面是后果或影响角度：企业的利润积累主要通过金融途径而非商品生产或服务提供过程。

2.1.1.2 金融化的测度

金融化的表现和测度可以分为宏观和微观两个层面。

（1）宏观层面的金融化表现为金融业增加值对 GDP 的贡献日益增加，金融部门日益膨胀。20 世纪 80 年代，美国在第三次科技革命和放松金融监管等因素的推动下，金融业、保险业和房地产业（fiance，insurance and real estate，FIRE）迅速发展，成为占全美经济比重最大的行业。福斯特（Foster，2007）的研究指出，美国 FIRE 行业对 GDP 的贡献率从 1980 年的 16% 上升到 2007 年的 20% 以上，而同期制造业对 GDP 的贡献率从 20% 下降到 12%。基于金融行业对经济的贡献率提高这一角度，往往使用金融深化理论中的代表性指标，如麦氏指标和戈氏指标。麦氏指标由麦金农（McKinnon，1973）提出，即用广义货币供应量 M2 与 GDP 的比值衡量一个经济体的货币化程度。戈氏指标由戈德史密斯（Goldsmith，1969）提出，即用一个时点的金融资产总额与实物资产总额或名义 GDP 的比重衡量一个经济体的金融化程度。美国的这一指标从 1952 年的 4.52 倍扩大到 2008 年的 10.2 倍，金融资产在这一时期增长了 97 倍，增速远超实体经济的增速。

关于金融化的测度，克里普纳（Krippner，2005）从宏观层面提出了"活动导向的"（activity-centered）和"积累导向的"（accumulation-centered）两种方法，将经济分为制造业、传统服务业和金融业三个部门，来观察美国三个部门 GDP 贡献率在 1950～2000 年变化的趋势。活动导向的指标通过就业率和 GDP 测度金融化，所得结论与福斯特（Foster，2007）的类似。积累导向的指标通过利润来源和积累角度测度金融化，显示出制造业利润积累占 GDP 的比重从 1950 年的 50% 下降到 2001 年的 10%，而同期 FIRE 所占比重从 10% 上升至 45%。由于金融业不属于劳动密集型行业，也不生产有形商品，因此尽管活动导向的指标更容易统计，但利润导向的指标能更准确地度量金融业的崛起，而利润积累的金融化程度更严重。阿萨（Assa，2012）采用类似方法指出，经济合作与发展组织（OECD）中的大多数国家都经历了与美国类似的金融化过程。

国内学者的研究如王芳（2004）通过计算金融资产的市场价值占 GDP 比值来测度金融化，研究发现改革开放之后的中国实体经济出现了明显的货币化和金融化特征。张慕濒和诸葛恒中（2013）参照克里普纳（Krippner，2005）的研究，从非金融公司利润来源和利润使用的角度，考察了中国不同部门、不同行业的金融化程度。从利润来源的角度，通过计算来自证券收入的利润占总利润的比重测度金融化，结果发现 FIRE 的金融化程度比制造业更高；从利润使用的角度，主要是通过固定资产投资占 GDP 的比重测度金融化程度，该比率制造业高于 FIRE 部门，且在 2002～2009 年一直呈上升趋势。从分行业总体研究的结果而言，中国实体经济部门并未出现显著的、持续的类似美国公司的金融化现象。国内部分学者虽未使用"金融化"的提法，而用"虚拟经济"表示国民经济中显现的金融化趋势，被认为研究范畴属于金融化，如刘骏民（1998）强调虚拟经济是脱离实体经济独立运行的部分，金融资本在金融体系中实现自我增值，属于经济的货币化过程；成思危（1999）从马克思主义政治经济学视角，提出金融化是与价值运动相联系的，当资本积累体制逐渐转向金融化积累体制，资本运动将逐渐脱离价值运动，形成资本泡沫而最终引发危机。

（2）微观层面的金融化表现为非金融企业的金融化，主要有以下两种测度方法。

第一种方法是采用非金融公司持有金融资产占总投资额的比例，来自发达国家和新兴市场国家的数据都支持了非金融企业日益金融化的观点。爱泼斯坦和贾亚德夫（Epstein & Jayadev，2005）对 OECD 国家一个较长时期的非金融企业资产配置情况进行了实证分析，发现发达国家在 21 世纪初已呈现较明显的金融化趋势，非金融企业将越来越多的资金配置在金融资产上，而不是用于商品生产的固定资产或用于研发的无形资产上。德米尔（Demir，2009）对新兴市场国家中的阿根廷、墨西哥和土耳其上市公司数据进行了实证分析，发现非金融企业在 20 世纪 90 年代一方面吸收了大量外部投资，另一方面固定资产形成比例却逐年下降至 20% 以下，低于一般意义上持续较快增长的下限（25%）。该现象的原因可能是上市公司在不确定的宏观环境下，会选择投资收益可逆转的短期金融资产而非投资收益不可逆转的实业部门进行投资。

第二种方法大体采用金融利润占总利润的比率测度。学者们发现，21 世纪以来，非金融企业获利来源于金融渠道的占比越来越高，企业投资标的越来越向金融资产倾斜。奥尔汉加济（Orhangazi，2008）研究美国和其他发达经济体非金融公司的金融资产投资对实业投资产生的影响，发现金融资产收益占总收益的比重以及金融资产支付（利息、股利和股票回购）占总支出的比重都有逐年递增的趋势，表明非金融公司的金融化程度日益增加。

国内学者研究企业金融化有代表性的文献是张成思和张步昙（2016），文中分别从广义和狭义两个口径考察金融化程度。在广义口径下，金融化程度指非金融企业投资收益、公允价值变动损益以及其他综合收益等金融渠道获利加总（广义金融渠道获利）占营业利润的比例，此时金融资产收益率指广义金融渠道获利除以金融资产。在狭义口径下，金融化程度是指非金融企业投资收益、公允价值变动损益、净汇兑收益扣除对联营和合营企业的投资收益（狭义金融渠道获利）占营业利润的比例，此时金融资产收益率为狭义金融渠道获利除以金融资产（扣除长期股权投资）。

根据德米尔（Demir，2009）和中国会计准则中的定义，金融资产包括货币资金、持有至到期投资、交易性金融资产、投资性房地产、可供出售的金融资产、长期股权投资以及应收股利和应收利息。

2.1.2 企业金融化的动机研究

2.1.2.1 企业配置现金资产的动机研究

要解释微观层面金融化的原因，就要探究企业配置金融资产的动机，而企业除实业投资之外的其他投资标的是随着金融市场和金融产品的不断发展而演化的。这方面的研究历史较长，最早的观察来自对货币需求或现金持有动机的研究。

凯恩斯（Keynes，1936）提出的流动性偏好理论指出，人们持有现金的目的是出于交易动机、谨慎动机和投机动机。从企业主体的角度，企业持有一定现金储备的目的是防范资金短缺对其平稳经营和投资带来的冲击。奥普勒等（Opler et al.，1999）和阿尔梅达等（Almeida et al.，2004）指出，那些未来投资机会和现金流不确定、存在融资约束的企业，持有现金的比例高于所属行业的平均水平。

许多学者从交易成本和融资优序理论等角度对企业持有现金比例上升的现象进行了解释（Kim et al.，1998；Opler et al.，1999）。达钦（Duchin，2010）研究了公司分散化投资与持有流动资产之间的关系，发现相较于单一投资的公司，多行业投资公司出于投资分散化的考虑，所持有的现金比例显著更少。

一些学者从公司治理的角度研究了代理成本和公司持有现金之间的关系。如哈福德（Harford，1999；2008）研究了公司持有现金和兼并收购之间的关系，发现现金持有比例越高的公司越倾向于进行收购，且其收购价格总体上偏高，即较高的现金持有比例会带来更高的代理成本。迪特马尔等（Dittmar et al.，2003）发现，在投资者保护较弱的国家，公司管理层持有更多现金的倾向越明显。

2.1.2.2 企业配置各类金融资产的动机研究

随着金融市场的发展，企业在实业投资之外持有的资产不仅包括现金，而且包括越来越多的金融衍生产品，如货币衍生品、利率衍生品、信用衍生品和股权类投资品等。

一些学者认为，大公司比小公司持有更多的金融衍生产品，其主要目的是提升利润而不是降低风险（Gordon et al.，1995）。博德纳等（Bodnar et al.，1996；1998）调查了非金融公司持有金融衍生产品的情况，大规模问卷研究发现，小公司持有金融衍生产品并不普及，但是总体上持有率在逐年增加。马林等（Mallin et al.，2001）和阿尔科贝克等（Alkeback et al.，2006）分别对英国非金融公司和对瑞典非金融公司进行了类似调查。此外，一些公司还利用金融衍生产品对冲交易来节税，降低财务困境成本，减少投资不足等（Smith & Stulz，1985；Bessembinder，1991；Stulz，1996）。后凯恩斯主义者如克罗蒂（Crotty，1990）、斯托克哈默（Stock-hammer，2004）认为，股东价值导向的变化使得管理层激励和管理目标的优先次序发生了变化，这会导致公司经理人迎合机构投资者利益，更看重短期利润，而配置更多金融资产。

戴维斯（Davis，2018）从管理层波动性和股东价值两个角度研究公司金融化与实业投资行为之间的关系，研究发现，管理层波动性、股东价值和公司规模都会对非金融公司的实业投资率产生很大影响。达卢斯等（Da Luz et al.，2015）以巴西2004～2012年的106家非金融公司为研究对象进行了实证分析，指出公司的经营利润率能显著地推动金融资产和金融收入增长。

国内学者针对A股上市公司的金融资产配置行为也进行了动机和影响因素的研究。王伟（2010）研究了中国上市公司的证券投资行为，认为过度的证券投机往往是出于推高市场估值的考虑，并且和财务粉饰相关。张瀛（2012）研究了中国非上市公司持有金融资产规模的影响因素，指出经营状况和盈利能力良好、资产负债率低的公司倾向于持有更多的金融资产，宏观经济变量和企业产权性质也会影响公司所持有金融资产的规模，且国有企业较之于非国有企业持有更多的金融资产。宋军（2015）通过对中国非金融上市公司的实证研究，发现公司所持有的非货币性金融资产和公司的经验收益率之间呈现 U 形关系，即高业绩公司和低业绩公司都倾向于持有更多金融资产。

2.1.3　企业金融化的影响研究

2.1.3.1　金融化对实业投资的影响研究

对金融化影响和经济后果的研究结论存在较大分歧，大体来看，对金融化的宏观影响大多持负面和批评态度，而对金融化的微观影响大多持正面和积极态度。

（1）金融化的宏观影响研究。宏观层面的经济后果，主要是研究金融化和经济稳定、经济增长和失业率的关系。后凯恩斯主义学派的观点大多支持过度金融化会威胁经济运行的稳定性（Epstein & Power，2003），导致国民收入分配有利于持有金融资产的食利阶层，加剧贫富分化（Onaran et al.，2010；Hein，2013），特别地，会对实业投资和资本积累产生负向影响（Stockhammer，2004；Orhangazi，2008；Dallery，2009）。多尔（Dore，2008）认为，金融化趋势会带来人力资本的错配，导致社会信用被侵吞和政治的不安定。弗里曼（Freeman，2010）认为，金融化会加剧失业，减少公共品的供给并降低经济增长率。布哈多里（Bhaduri，2011）通过构建理论模型反思金融危机的发生机理，指出金融化会提高经济系统的脆弱性，进而大大提高金融危机的发生概率。冈萨雷斯和萨拉（González & Sala，2013）运用多方程宏观劳动模型考察金融化对失业率的影响，模拟结果显示，金融化指标每上升 1% 将会导致失业率提高 2%，因而金融化是影响资本积累和失业率的重要变量，并进一步指出金融市场的过度发展会对实业投资带来挤出效应。奥尔蒂斯和帕布鲁（Ortiz & Pablo，2014）对金融化的批判极端严厉，认为经济金融化类似人体感染了艾滋病毒，金融部门的膨胀占据了经济的有限资源来实现自我强化，却剥夺了其他非金融部门的发展空间，使得经济不平衡和不健康发展。

马克思主义学派也持相似观点，认为金融化是一种由金融部门功能驱动的自我强化的过程，资本主义处于向金融资产积累体制转型的阶段，资本运动更多地围绕金融部门而非生产部门（Foster，2010）。

中国经济是否也出现了过度金融化的趋势？经济金融化是否导致了实体经济被"挤出"？国内文献也对这一问题进行了研究。大多数实证研究的观点都支持金融业对实体经济的利润存在一定程度的挤压（徐策，2012；罗能生和罗富政，2012）。罗能生和罗富政（2012）发现，在1978～2010年，实体经济占 GDP 的比重在不断下降，虚拟经济的比重却在不断上升，尤其是金融业增加值从 2002 年的 5546.6 亿元上升至 2019 年的 77077 亿元，占 GDP 的比重从 2002 年的 4.6% 上升至 2019 年的 7.8%。王永钦等（2016）在对金融资产泡沫和实体经济关系的文献进行梳理的基础上，提出金融资产泡沫对资本配置最严重的影响，在于资金将被引导从实体经济流向业已过度繁荣的证券市场和房地产市场，这将进一步加剧资产泡沫化程度。罗来军（2016）通过实证研究指出虚拟经济正从实体中吸走资金，使得实体经济增长乏力，而本应为实体经济融资的资金并没有进入实体经济，而是停留在金融市场和金融机构间空转，这对实体经济的发展非常不利。

（2）金融化的微观影响研究。上述文献从宏观角度为金融化对实体经济的影响提供了有益参考，但基于企业个体的微观金融化影响研究却数量较少，现有文献主要是讨论非金融企业金融化和经营业绩的关系。非金融企业增加金融资产投资、持股金融机构或直接开设从事金融业务的分支机构都属于金融化的范畴，这些行为的短期目的都是追逐短期利益。那么长期来看，金融化对公司的经营业绩、股东价值以及市场表现的影响如何呢？20 世纪 80 年代以来，资本主义国家的投资率和经济增速相较于前期开始下降（Crotty，2005；Palley，2008；Hein & Mundt，2012），而这伴随着非金融公司（NFCs）利息和股利支出以及股票回购的上升，与此同时，公司的实业投资支出却出现显著的下降。斯托克哈默（Stockhammer，2004）以美国（1963～1997 年）、英国（1976～1996 年）、法国（1978～1998 年）和德国（1963～1990 年）的宏观数据为研究对象，运用经营部门的年度数据和时间序列估计，分析了金融化的双重性质，并估计了企业的金融支付和金融收益对投资的影响，发现经济金融化造成了美国、英国、法国的投资水平和资本积累率的下降。

奥尔汉加济（Orhangazi，2008）对美国 1973～2003 年非金融公司的投资行为进行了实证研究，发现金融化和实业投资之间存在着显著的负向关系。奥尔汉加济将此解读为金融化对实业投资的"挤出效应"，产生的原因在于：一方面，企业从金融渠道获取高收益，将会驱使管理层改变实业投资在经营中的优先决策，推迟或缩减实业投资；另一方面，增加的金融市场投资会减少企业的内部资金，导致管理层的规划周期缩短，增加不确定性。托里和奥纳兰（Tori & Onaran，2016）对英国非金融公司的实证研究，也支持奥尔汉加济的"挤出效应"结论。

微观金融化也可能产生积极影响。从金融化对实业投资的影响来看，持有金融资产的"蓄水池效应"使得企业能够通过金融收益补充内源性资金的供给，或通过出售金融资产降低财务困境成本，进而增加实业投资（Smith & Stulz，1985；Stulz，1996）。而金融资产的市值上升会改善资产负债表，有利于企业再融资并继续进行实业投资（Sean，1999）。如果从产融结合的角度分析，企业从金融渠道的获利占比增加，本质仍然是使得企业盈利能力增强，这应强化而非弱化企业实业投资的动机。企业投资活动的最终目的是增加企业价值，因此投资决策取决于项目自身的盈利能力。比德尔等（Biddle et al.，2001）的实证研究发现，基于资本逐利规律，公司投资决策与盈利能力正相关，且两者呈非线性关系。

另外，当企业面临宏观经济冲击时，充沛的内源性现金流可以有效缓解外部冲击对企业投资的影响（Duchin，2010）。从融资约束角度分析，企业无论是具有较高的信贷便利（Aivazian et al.，2005），还是持有较高的现金比例（Denis & Sibikov，2010），都会降低企业的融资约束，有助于提高实业投资水平。德米尔（Demir，2009）发现，墨西哥、土耳其和阿根廷上市公司的投资逐渐由收益不可逆转的实业投资项目转向预期收益可逆转的短期金融资产。鲍德和杜兰德（Baud & Durand，2012）对美国零售业的实证研究也证实，在1990~2007年，虽然零售业总体销售增长率下降，但平均的ROE却上升了。究其原因，主要是这些零售业公司在全球化扩张的过程中大幅度增加了金融资产持有比例，缓冲了主营业务收入带来的业绩下滑，这在很大程度上迎合了缺乏耐心的股东的利益。格里哥利亚（Guariglia，2011）认为，长期债权投资中的委托贷款利用了企业的正规融资优势，使企业充当了影子银行。克里曼和威廉姆斯（Kliman & Williams，2015）通过实证证据，证明了金融化并未造成美国非金融公司实业投资率下降。

胡奕明等（2017）统计发现，2002~2014年，中国非金融上市公司持有的金融资产平均规模和金融资产占总资产比重的平均值呈逐年递增趋势，平均规模从2002年的3.46亿元增长到2014年的11.87亿元，而同期，非金融上市公司却出现利润增速放缓态势。张成思和张步昙（2016）认为，经济金融化显著降低了企业的实业投资率，并弱化了货币政策提振实体经济的效果；同时，金融资产的风险收益错配也抑制了实业投资，且这种抑制效应随着金融化程度的提升而增强。

由于民营企业和中小型企业面临的融资约束和信贷歧视，中国企业金融化还可能表现为委托贷款的形式。黄益平（2012）认为，委托贷款作为寄生于二元融资结构的中国特有的经济现象，是影子银行的重要表现形式。余琰和李怡宗（2016）发现，从事高息委托贷款的企业营业利润率降低，而营业外资产利润率上升。

2.1.3.2　企业投资效率及其与金融化关系研究

现有研究企业投资效率的文献主要从两个角度建立模型：一类是基于融资约束理论和信息不对称理论建立的"投资—现金流敏感性模型"；另一类是基于代理理论和Tobin's Q理论建立的"投资水平—投资机会敏感性模型"。另外，以理查德森（Richardson，2006）为代表的一系列文献通过建立新增投资支出决定因素模型，估计企业的正常或合意的投资水平，用模型的残差项来度量非效率投资而间接反映企业的投资效率。

（1）自由现金流假说与"投资—现金流敏感性模型"。在企业现金持有水平较高的情况下，管理层往往存在过度投资的动机，且随着自由现金流的增加而增强。早期文献提供了企业存在自由现金流过度投资的证据，从多个角度分析了影响投资现金流敏感性的因素。自由现金流量假说最早由詹森（Jensen，1986）提出，文中分析了石油企业资本支出的数据，提出了企业存在自由现金流过度投资的问题。詹森提出，在企业的融资结构中适度地引入负债，可以利用债务的破产机制、严厉的债务条款以及市场监管来控制管理者利用自由现金流量从事投资不足或投资过度的行为。布兰查德等（Blanchard et al.，1994）分析了 11 家自由现金流充裕的企业，发现即使投资机会没有发生显著变化，这些企业依然会进行许多无效投资。法扎里、哈伯德和皮特森（Fazzari，Hubbard & Petersen，1988）[①] 依据股利支出区分融资约束，进而分析不同融资约束程度对投资现金流敏感性的影响，发现面对较大融资约束的企业现金流敏感性较强，投资效率较低。王美德（Whited，1992）研究了债务约束对投资现金流敏感性的影响。卡普兰和津加莱（Kaplan & Zingalea，1997）采用不同的样本进行实证分析，得到的结论与法扎里等（Fazzari et al.，1988）相反，并认为"投资—现金流敏感性"并不必然随着融资约束程度的严重而单调递增。法扎里等人此后的文章也进行了反馈，认为卡普兰和津加莱过小的分组样本不足以推翻他们此前的结论。

由于法扎里等（Fazzari et al.，1988）无法区分过度投资和投资不足及其产生的动因，沃格特等（Vogt et al.，1994）构建了一个包含自由现金流和投资机会的交乘项的模型，然后根据该交乘项的回归系数来判断企业属于过度投资还是投资不足：如交乘项系数为正，则说明属于投资不足，动因主要在于融资约束问题；如交乘项系数为负，则说明属于投资过度，动因主要在于现金流过多带来的代理成本上升。

---

① Fazzari S. M.，Hubbard R. G.，Petersen B. C.，Alan S. Blinder and James M. Poterba. Financing Constraints and Corporate Investment [J]. Brookings Papers on Economic Activity，1988，1988（1）：141-206. 该文献将被多次引用，后文统一简写为法扎里等（Fazzari et al.，1988）。

2000 年之后，关于"投资—现金流敏感性模型"的文献更多地讨论投资效率关系的影响因素，如企业盈余质量。比德尔等（Biddle et al.，2009）建立回归模型，对包括美国的多国企业数据进行分析，得到"投资—营运现金流敏感性系数"，并用该系数度量企业投资效率，检验会计质量和制度因素对企业投资效率的影响。结果发现，财务报告质量和资本投资效率正相关，且市场化程度高的国家这种相关性更明显。贝蒂等（Beatty et al.，2010）使用 SDC 数据库中债务发行的数据研究盈余质量对投资现金流敏感性的影响，结果发现，高盈余质量降低了投资现金流敏感性，提高了投资效率。

（2）Tobin's Q 的争议和"投资水平—投资机会敏感性模型"。"投资水平—投资机会敏感性模型"相关文献的依据主要是 Tobin's Q 理论和代理成本理论，当信息完全且企业内部代理成本较低的前提下，投资支出水平主要取决于企业面临的投资机会或成长性，其代表性指标就是 Tobin's Q 值。Tobin's Q 值等于资本的市场价值与重置成本的比值，将企业的资本市场表现和实业投资联系了起来，在企业业绩衡量、实业投资水平与效率、企业价值评估等方面都有广泛应用。但这个指标严格意义上应称为平均 Q 值，而能够真正反映企业投资机会的指标应该是边际 Q 值，它等于新增一单位资本投资所带来的预期回报的贴现值与重置成本的比值。因边际 Q 值的不可观测性，实践中往往用平均 Q 值替代。林文夫（Hayashi，1982）证明了平均 Q 值能够完全替代边际 Q 值的前提包括：产品市场和生产要素市场都是完全竞争，资本市场不存在信息不对称且强式有效，企业生产函数和资本增长函数都为线性齐次，企业生产经营的目标是为了追求企业价值最大化。但上述前提条件无法全部满足时却用平均 Q 值代表投资机会或企业的成长性，就会带来衡量偏误（Erickson & Whited，2005）。而与发达资本主义国家相比，在中国应用平均 Q 值的前提更加难以满足，如竞争不充分问题尤其突出、国有企业肩负着更多社会性责任而距企业价值最大化目标存在偏差、股票市场弱式有效得到了多数研究的证实、大量非流通股的存在使得资本的市场价值难以度量等，均使得应用平均 Q 值产生的衡量偏误问题更加严重。

与 Tobin's Q 理论有所差异，沃格勒（Wurgler，2000）采用资本的增长率、比德尔等（Biddle et al.，2009）采用销售收入增长率来反映企业的投资机会和成长性，通过模型的回归系数来度量企业投资效率的高低。还有文献是通过建立非效率投资指标来反向反映投资效率的高低，如理查德森（Richardson，2006）以及麦克尼科尔斯和斯图本（McNichols & Stubben，2008）。理查德森（Richardson，2006）将企业的总投资分为维持性投资和新增投资两个部分，并使用反映投资机会的复合指标预测企业的新增投资水平，用回归模型的残差值来度量非效率投资，继而讨论了公司治理对现金流过度投资的缓解作用。

"投资水平—投资机会敏感性模型"文献也大篇幅讨论了投资效率的影响因素。如陈世敏等（Chen et al.，2011）以 2001～2006 年中国 A 股上市公司为研究对象，研究了政府干预对企业投资效率的影响，结果发现，非国有企业的投资效率显著高于国有企业。麦克尼科尔斯和斯图本（McNichols & Stubben，2008）分析了盈余管理和过度投资之间的关系，发现那些因财务欺诈被 SEC 调查或因信息披露被股东起诉及发生财务重述的公司更有可能出现过度投资。比德尔等（Biddle et al.，2009）根据企业现金持有水平和负债水平将企业分为过度投资倾向组和无过度投资倾向组，通过将过度投资倾向变量与财务报告质量的交互项，分析财务报告质量是否减少了自由现金流过度投资问题，进一步检验了财务报告质量和投资效率之间的关系。结果发现，财务报告质量提高既能降低过度投资水平，也能缓解投资不足问题。古德曼等（Goodman et al.，2013）指出，管理层预测盈余质量和企业投资效率存在正相关关系。

2.1.3.3　金融化对企业价值的影响研究

（1）企业价值的度量。合理评估企业价值的目的是科学地度量企业的公平市场价值，从而为企业内部的管理层和外部的投资人进行更优的经营和投资决策提供参考。一方面，企业价值是由企业自身所拥有的所有有形资产和无形资产创造的，必须通过定量分析方法和构建指标来度量，具有科学性和客观性；另一方面，企业价值的影响因素众多，可以通过改进经营和财务管理来实现价值增长，也可通过改善经营和投资环境来提升经营业绩和投资回报，随着市场波动和市场信息流动随时变化，因而又具有波动性和时效性。从哪个角度、出于何种目的进行评估，会改变企业价值的度量标准和方法。评估企业价值的主要方法包括以下几种。

①相对估值法，即用可比企业的公平市场价值来度量研究对象的企业价值，原理上等于当前市场上的收购价格，等于企业权益的市值加上债务价值，减去超额现金。可比企业的选择一般应遵循和目标企业在所属行业、投融资特征、公司治理、未来风险和收益增长率等方面相似或相近的原则，可比企业选择得越理想，估值越准确，但可比企业的选择往往非常困难。常见的相对估值指标有市盈率（P/E）、市净率（P/B）等乘数，以及基于基础业务总价值的估值乘数，包括分母为息税前利润（EV/EBIT），分母为息税、折旧和摊销前利润（EV/EBITDA）以及分母为自由现金流（EV/FCF）等。

作为一个被国内文献广泛采用的相对指标，Tobin's Q 值等于企业"市场价值"与"总资产的重置成本"之比，也被用作企业价值的代理变量（McConnell & Servaes，1990），而由于其中"重置成本"数据较难获得，部分文献也采用市净率指标（朱武祥和宋勇，2001）来表示企业价值。然而，Tobin's Q 模型的合理性是基于资本市场的效率假说，而中国资本市场交易中个人投资者占比过大，噪声交易、非理性行为众多，且中国上市公司的特殊股权结构和定价机制也会使得 Tobin's Q 值的衡量偏误问题不容忽视（饶育蕾和汪玉英，2006）。

②现金流量贴现法，也称为收入资本化法，即用企业资产在未来市场存续期所产生的所有自由现金流量的贴现值总和表示当前企业资产的内在价值。自由现金流量是企业能够向所有股东和债权人支出的现金余额，等于"无杠杆净收益"加上"折旧"减去"资本支出"和"净营运资本的增加额"。通过比较企业资产内在价值与当期市值是否一致，来判断企业市值是否被高估，该方法经常用于投资决策中。实际上，企业价值评估与金融资产定价、实业投资项目评估的基本原理是一致的，这从本质上说明了价值评估与企业的投融资决策、资本营运和公司治理密切相关，因而也

与企业金融化密切相关。

然而，现金流量贴现法能代表企业价值的基本原理在于，股东财富来源于价值分配，这使得该方法近年来广受质疑，它与以下认为股东财富来源于价值创造的方法有着根本区别。

③基于价值增值的 EVA 法和 RI 模型。当企业以追求利润最大化为目标时，会使经营和投资决策具有短视化倾向，而忽视资本积累、技术创新等影响整体利益和长期增长的因素，不利于企业的价值创造和价值增长。

经济增加值 EVA 由思腾思特（Stern & Stewart）咨询公司于 20 世纪 90 年代首次提出，等于企业"税后净营业利润"扣除"现有资产价值的机会成本"之后的差额，其中，"现有资本价值的机会成本"等于"总资本"乘以"加权平均资本成本"。当税后净营业利润弥补所有资本成本后还有剩余，这个剩余即表示经济增加值为正，这部分剩余的价值是属于股东的，追求经济增加值最大化与追求股东价值最大化的企业经营目标是一致的。与传统的会计利润不同，EVA 不仅考虑了债务资本成本，还考虑了权益资本成本，会计报表上显示盈利的企业年度其经济增加值也可能为负，因而 EVA 体现了经济学中经济利润的要义，能更好地反映企业价值创造和价值增长的部分。

国务院国资委自 2010 年起推行通过经济增加值 EVA 来对央企的经营绩效进行考核，目的是倡导企业经营管理目标由利润驱动转向价值驱动，对促进国有企业的长期增长具有积极作用。而 EVA 通过改善管理层的投融资决策，抑制过度投资，对企业价值确实具有显著提升作用（池国华等，2013）。此后，地方国资委积极跟进，推广以 EVA 为考核标准的业绩评价体系，民营企业中也不乏"虚拟利润"分享制的成功案例。EVA 因为将权益资本置于和债务资本同等地位，对管理层的资金使用和公司治理形成了更好的约束，且 EVA 考核显著提高了研发费用正向管理水平（夏宁等，2019），于是更有利于企业价值的创造和评估。

但 EVA 是一个绝对指标，资产或营业收入更大的企业即便与小规模企业的经营效率相同，也可能比后者创造更多的经济增加值，因而不便于进行不同企业之间的横向比较，因而有文献采用经总资产标准化之后的经济增加值回报率（REVA）以及反映企业所创造的社会经济价值的社会 EVA 回报率，来度量和比较企业价值（张新，2003）。而管理会计领域主张基于系统性、相关性和开放性原则，来建立一个以 EVA 为核心的价值评估和激励体系，且 EVA 考核可以显著提高企业的自主创新能力（池国华等，2016），促进企业实现持续创造企业价值的根本目的（池国华等，2013）。

剩余收益 RI 也遵循价值创造的评估逻辑，基于企业追求价值最大化目标的假设，有利于提高资本积累、改进技术创新能力，合理反映资源配置的结果。RI 是根据奥尔森（Ohlson，1995）首次提出的剩余收益模型推导出的一种度量企业价值创造能力的指标，等于会计利润扣除"权益资本成本"之后的差额。其中，会计利润一般用"净利润"或"营业利润"表示，权益资本成本等于"期初净资产的账面价值"乘以"权益资本成本率"，"权益资本成本率"可通过资本资产定价模型估计得到。

通过 RI 指标度量的企业价值反映的是企业获取超过净资产账面价值之外收益的能力。即获取剩余收益的能力。如果企业能获取的剩余收益越多，外部投资者愿意支付的价格超出账面会计利润的差额就越多，企业的市场溢价就越高。RI 与哈伯德（Hubbard，1998）提出的通过成长机会来度量企业价值的理念类似。RI 反映了企业当期净资产账面价值与未来创造的价值或未来成长性的贴现值的总和。剩余收益模型有一个重要假设，即 RI 应服从一阶自回归过程，奥尔森通过这一假设，使得古典剩余收益模型中的无限项求和问题转换成有限项的贴现值求和问题，从而使得 RI 的计算极大地简化了（Ohlson，1995）。虽然应用了贴现值求和的方法，但 RI 和传统的贴现现金流量方法度量企业价值有着极大的区别，因为 RI 体现了价值创造，而传统的贴现现金流量方法体现的是价值分配，而只有前者才是股东财富和企业价值增长的根本驱动因素。且 RI 充分利用了净利润和净资产账面价值等会计信息，体现了企业价值的市场性和动态性，RI 同时考虑了如 ROE、P/E、P/B 等多个财务相对指标，体现了财务信息在决策中的有用性，为企业价值的影响因素研究和预测研究提供了便利，这些财务影响因素包括销售增长率、净资产周转率、财务杠杆比率、销售利润率等（张人骥等，2002）。

（2）企业价值的影响因素。企业股权结构反映了企业的利润分配机制和风险承担能力，并会影响管理层投资机会选择、现金流持有等经营和投资决策，进而对企业的价值创造行为产生直接或间接影响。基于代理理论的实证研究证明，由于资本市场的非效率性，企业价值与股权结构存在相关性。格罗斯曼和哈特（Grossman & Hart，1980）指出，股权结构分散不利于提高企业价值，因为股东的治理成本高于收益，缺乏积极驱动企业价值增长的激励。施莱弗和维什尼（Shleifer & Vishny，1986）认为，股权集中可以使大股东掣肘管理层谋求自身利益的行为，在管理层制定有利于企业价值的决策时具有正面推动作用。麦康奈尔和瑟韦斯（McConnell & Servaes，1990）的实证研究表明，股权结构和企业价值之间存在非线性关系，企业价值随着股权比例的增大先递增后递减，内部控制股权比例的拐点值是 40%。彼德森和汤姆森（Pedersen & Thomsen，1999）对欧洲 435 家大型企业进行的实证研究显示，股权集中度与企业业绩（以净资产收益率代表）显著正相关。

对于新兴市场的实证研究也多支持股权集中度与企业经营业绩和企业价值正相关，如克莱森斯等（Claessens et al.，2000）对东亚地区企业的实证研究、林斯（Lins，1999）对 18 个新兴市场企业的实证研究，以及马奇加和斯皮罗（Makhija & Spiro，2000）对捷克刚完成私有化的 988 家企业进行的实证研究均显示，股权集中程度较高的企业，反映经营绩效的会计指标越靓丽、股票价值越高，这种正相关关系在投资者保护机制较弱的地区愈加明显。

对于中国上市公司的实证研究则多从第一大股东与经营绩效的关系角度出发。主流观点认为，国有股权集中与企业价值负相关，而股权多元化有利于公司治理结构和提高企业价值。孙永祥和黄祖辉（1999）指出，第一大股东为法人股的公司相较于第一大股东为国家股的公司拥有更好的公司治理结构和市场表现，企业价值更高。陈晓和江东（2000）认为，法人持股对企业价值有正向影响，但国有股权集中对企业价值的负向影响仅在竞争性强的行业中存在。但是，朱武祥和宋勇（2001）对家电行业的小样本实证研究结果却指出，股权集中度和股东构成是企业为实现持续经营的商业选择行为，会随着产品市场和资本市场结构变化而进行动态调整，因此对企业经营业绩和企业价值的影响力不足，尤其在竞争性强的行业中。刘星和刘伟（2007）认为，股权集中度和大股东制衡与企业价值存在显著的正相关关系，且中小股东出于分享控制权收益的动机可能和大股东形成共谋，这会不利于股权制衡正面作用的发挥，与企业价值负相关。陈德萍和陈永圣（2011）以中小板上市公司为样本的实证研究结论与"利益协同效应"假说一致，股权集中度与企业绩效呈 U 形关系，且各类型股权相互制衡，有利于企业价值增长。王华和黄之骏（2006）以高科技上市公司为研究对象，考虑经营者股权的内生性影响之后，发现股权激励与企业价值存在倒 U 形关系，且董事会构成与企业价值相互影响。晏艳阳（2002）以中国综合类行业上市公司为研究对象，对 MM 理论的命题 1 进行了检验，检验结果支持了 MM 理论提出的资本结构与企业价值无关的结论。

（3）企业金融化对企业价值的影响研究。

①基于投资组合理论和权衡理论的研究。如前所述，非金融上市公司配置金融资产规模日益增加的动机之一是实业投资利润率的降低。根据克罗蒂（Crotty，2005）的观点，非金融上市公司的投资行为可以看作是对一个金融资产和固定资产构成"投资组合"的选择过程，当实业投资利润率下降时，管理层将减少实业投资规模，增加对金融资产的投资。短期来看，对金融资产的投资可以缓解主业利润下滑对公司业绩的冲击，甚至可以实现公司业绩的增长，而根据资本价值理论，公司的金融资产收益率增高时，未来收益的现值将增大，公司价值也相应提高。此外，通过适度举债投资金融资产，在一定程度上还能够通过税盾效应提高公司价值。

然而，根据权衡理论，过度举债投资金融资产，金融资产市值的波动性和杠杆率过高都会提升企业的破产风险，威胁企业价值的稳定和提升。同时，过度投资金融资产反映了管理层追求短期收益的决策倾向，对主营业务的忽视制约了企业的长期可持续发展。

②金融机构持股与企业价值的关系研究。相关文献仍是在上述研究股权结构和企业价值关系的框架下讨论金融化的影响，一部分学者认为，金融机构的存在可以强化企业的内部监管机制，进而提升企业价值；而另一

部分学者持相反的观点，认为金融机构持股长期来看会降低企业价值。

布伦德尔（Blundell，1992）使用 Tobin's Q 值度量企业价值，研究了早期美国企业的股权结构和企业价值之间的关系，发现机构持股数量与企业价值之间存在正向关系，金融机构对企业的持股行为能够对管理层形成有效的约束和监管，从而提升企业价值。施莱弗和维什尼（Shleifer & Vishny，1986）认为，相对于众多持股比例分散的小股东而言，金融机构股东持股规模更大，与企业有着更密切的利益关系，有动力积极参与企业治理，追求更大的共同利益；另外，金融机构拥有更多的专业知识，有条件参与公司治理并对其进行有效监管，进而提升企业价值。史密斯（Smith，1996）研究了美国最大的公共年金基金在对公司日常经营活动的监管后公司价值的变化，发现金融机构积极参与公司治理的行为显著改善了公司的治理结构，同时提升了公司价值。朗和麦克尼科尔斯（Lang & McNichols，1997）发现，大部分企业会接受金融机构的专业建议，以期解决企业在治理结构上的问题，而金融机构的积极参与也确实有效改善了公司治理结构，并提升了长期经营业绩。莫克、中村俊辅和史弗达萨尼（Morck，Nakamura & Shivdasani，2000）基于日本上市公司的实证研究表明，与美国上市公司价值随股权比例单调增加的情形不同，日本公司的 Tobin's Q 随着银行持股比例的增加先递减再递增，并指出这种关系同时反映了银行持股给企业价值带来的成本与收益。

国内学者的研究如王琨和肖星（2005）、李善民等（2007）、李维安和李滨（2008）都证实，金融机构的持股能够促进金融机构参与企业治理，提升被持股公司的治理水平，进一步提升企业价值。

但是，部分学者在研究中得到了截然相反的结论，认为金融机构持股对企业价值存在负向影响。利普顿和罗森布鲁姆（Lipton & Rosenblum，1991）以及吉兰和斯塔克斯（Gillan & Starks，2003）认为，金融机构虽然比小股东拥有更多的专业知识，但其业务主要集中于金融资产的投资而非公司治理，在企业经营管理方面并不优于管理层；另外，金融机构股东明显更注重企业的短期收益而非长远发展，这不利于企业长期经营目标的实现。姚颐（2007）对中国 A 股上市公司的实证研究验证了庞德（Pound，

1988）提出的机构投资者和上市公司之间奉行的战略合作假说，认为股改过程加剧了机构投资者和中小股东的利益不平等。

2.1.4　文献评述

2.1.4.1　宏观数据存在不精确性

宏观数据的时间和空间跨度较大，实证分析中要排除截面异质性和时间序列相关性对回归结果的影响，显得更加困难。以往对一个经济体的金融化过程进行研究需要很长的时间序列才可能得到稳健的结果，但许多新兴市场国家和大多数发展中国家的宏观数据无法满足这一要求。因此，宏观层面的经济金融化研究对象以美国和欧洲国家为主，这些研究文献数量最多，但即便是发达国家的数据，也容易受众多宏观经济因素的影响，难以排除回归系数所反映的影响是来源于金融化本身还是来源于经济周期波动和宏观经济冲击。代表性的文献如史托克哈默（Stockhammer，2004）和克里普纳（Krippner，2005）采用的都是年度数据，而文献帕利（Palley，2008）比较的是 1950 年、1970 年和 2001 年等少数几个年度数据，进行的是定性分析。

2.1.4.2　宏观研究结果未揭示微观企业层面金融化的发生机理

宏观数据分析无法考察微观主体之间的个体差异，而作为国民经济最重要构成部分的企业参与金融市场运转的程度其实存在着很大差异，基于宏观经济数据的研究得到的只是一个宏观结果或表现，而无法解释微观企业层面金融化的发生机理，也就不能解释经济金融化发生的内在动因。

宏观经济最终呈现的金融化的结果，在微观层面一定能观测到企业的某种行为特征和作用机理：如出于什么动因企业会增加金融资产的投资直至对实业投资产生"挤出"，而又在金融资产高回报的利益驱使下"替代"实业投资，最终得出金融化显著降低了实业投资率的结论？又如出于什么动因企业会增加金融资产的投资，目的却是为将来的流动性进行储备，或是缓解主营下滑带来的冲击，表现出"盈余效应"或"蓄水池效应"？货币环境和金融市场表现对企业的金融化行为的影响几何，金融化是否会弱化货币政策提振实体经济的效果？这些问题的解答都需要从微观层面进行深入的实证分析。

2.1.4.3　企业金融化程度的度量不清晰

微观层面金融化的研究大部分是围绕金融化趋势展开的，而关于企业金融化达到何种程度这个基本问题却没有提供一个强有力的理论分析框架。且对企业金融化的度量，是从资金来源与利润分配角度，还是从金融资产的持有与使用角度，亦无定论。现有文献多从资产负债表找出相关金融资产科目，加总并通过总资产标准化获得金融资产的持有比例，以此度量金融化程度。首先，关于哪些资产应算作金融化指标中的分子构成，不同文献尚无统一的度量口径；其次，只从资产负债表一个角度获取的金融化存量指标不足以描述企业金融化的动态变化及对企业的影响。拉泼维塔斯（Lapavitsas，2011）、许罡（2018）认为，企业金融化应至少从金融化行为和金融化效果两个层面进行度量。金融化行为是指企业的经营投资活动逐渐向资本运营方面倾斜，偏重于将更多有效资源投向资本运营和市场博弈，而非传统性质的实体经济领域（栾文莲，2016）；金融化效果是指企业的主要利润或亏损来源于资本运营，金融化对主营业务、实业投资水平和投资效率乃至企业价值增值带来了何种程度的影响（彭俞超等，2018）。部分文献认为，企业的适度金融化为企业提供了多元化的融资渠道，能够缓解企业融资压力（刘贯春等，2018），而多数文献对金融化的影响持消极态度。然而，微观金融化的定义及其程度的界定，尚未形成一致的认识与度量方法，站在不同的研究视角或采取差异化的测度方法来研究金融化的影响，极有可能产生不同的研究结论。

2.1.4.4　微观金融化的分析框架存在改进空间

从中国 A 股上市公司的数据表现看，企业金融化可能与实业投资水平之间存在反向变动的关系，但这种表现是由于金融化对实业投资产生了"挤出"，还是"挤出效应"和"盈余效应"并存？最终的净效应是否是负向的？控制变量应包括哪些宏观经济变量？实证分析模型是否有坚实的经济学理论依据？要解答这些问题，必须建立基于企业投资理论的模型，实证分析金融化与实业投资效率之间的关系。

纵观研究微观金融化影响的现有文献，可以发现相关分析框架存在改进空间。如克罗蒂（Crotty, 2005）分析了金融化催生的"新自由主义悖论"：金融市场压力要求企业短期内获得更高的利润，而产品市场使这一结果不可能实现。在实证模型中，金融资产收益率这一变量被创新性地引入，但缺乏明晰的理论依据。德米尔（Demir, 2009）提出的金融资产收益率保持长期不变的假设也过于武断，模型中设置的控制变量没有考虑企业融资成本敏感性等融资约束问题。因此，国外学者建立的假设和模型大多不太适合于分析中国的金融化问题。事实上，国内的学者已经注意到类似问题并进行了模型的改进。如靳庆鲁（2012）发现，多数情况下宽松的货币政策能够缓解企业的融资约束和降低融资成本，但金融资产收益率长期不变的假设过强，这使得实证分析中金融资产的风险收益错配问题被忽略，企业在金融资产和实业投资之间的选择问题没有得到很好的阐释。

2.2　相关理论基础

2.2.1　金融抑制和金融深化理论

1973 年，罗纳德·麦金农（Ronald McKinnon）和爱德华·肖（Edward Shaw）在他们出版的著作《经济发展中的货币与资本》和《经济发展中的金融深化》中，不约而同地聚焦于金融发展与经济增长的关系问题，对发展中国家的货币政策、金融制度和体制机制进行了深入研究，并提出了金融抑制和金融深化理论。

金融深化是指政府放松对金融业和金融市场的过度干预，使利率和汇率充分浮动以反映市场供求状况，同时有效控制通货膨胀。金融深化的首要目标是要确定一个合理的真实利率水平，在发展中国家的通胀率普遍高企的情况下，需要中央银行提高银行存款的名义利率来使真实利率为正，从而增加公众持有货币的意愿，加大实际货币需求并适当增加储蓄收益。

在外汇市场上，外汇管理机构应放松对汇率的管制，摒弃固定汇率制而实施浮动汇率制，使国际资本充分流动，从而让外汇供给决定汇率水平。在财政体制的建设上，应合理规划财政税收，鼓励私人部门的储蓄，并缩减不合理的转移支付，取消"信贷配给"中的特权。其他建议的改革措施包括放松对金融机构及其开展的金融业务的限制措施、推进多种金融工具的发行和金融市场的多层次发展。

罗纳德·麦金农（Ronald McKinnon，1973）认为，发展中国家的经济大多处于分割状态，家庭、企业和政府部门相互分割，各部门之间无法获得统一的劳动力、资本和土地资源，因此一般商品价格也不能达到均一化，商品生产无法获得同等的生产技术条件和相近的成本。而资本市场的不发达和银行信贷的不均衡，使得众多中小企业只能依靠自身的货币积累来进行扩大投资和技术改革。在投资规模不可细分的情况下，投资者必须在投资前积累相当规模的货币资金，且计划投资额度越大，所需积累的货币资金就越多，因而货币与实业资本之间存在着同步增减的互补关系。所以本质上，金融深化是解决发展中金融与经济协调发展的一种方式。

2.2.2　MM 理论与静态、动态权衡理论

莫迪利安尼（Franco Modigliani）和米勒（Merton H. Miller）建立的MM 理论奠定了现代公司金融理论的基础，也彻底改变了企业投融资决策的分析模式。资本结构与企业价值无关性定理的推导首次系统地采用了套利定价的基本逻辑。MM 理论提出，企业主或管理层的借贷决定将不会对利润最大化的生产计划产生影响，即企业的融资决策和生产决策是相互独立的。如果将企业整体看作一项资产，假设不存在市场摩擦，企业资产的市场价值应满足"一价定律"，即对于基本生产决策相同的企业，即便具有不同的融资策略，这些企业的市场价值也应该相等，否则就会存在市场套利机会。

静态权衡理论形成于 20 世纪 70 年代中期，理论基础源于 MM 理论。

2.2.2.1　税收与资本结构

无税的条件下，资本结构对资金成本和企业价值无影响。然而在 1963

年，莫迪利安尼和米勒在《公司所得税和资本成本：一项修正》一文中，将企业所得税引入无税收模型中，并推理得出了与无税的 MM 模型相反的结论：在考虑公司所得税的条件下，负债将带来利息免税利益，企业价值会随着资产负债率的增加而增加，因此，企业的最优资本结构应为 100% 的负债率水平。1976 年，米勒在《债务与税收》一文中阐述了个人所得税对债务和权益价值的综合影响，提出了米勒模型：如果企业所得税率提高，企业会从依赖股票转向债券以获得节税效益，负债率提高；如果个人所得税率提高，且股利收入的税率低于债券利息收入的税率，企业会从依赖债券转向股票，负债率降低，因此，最优资本结构由企业所得税和个人所得税的变动综合决定。迪安杰洛和马苏里斯（DeAngelo & Masulis，1980）、布拉德利（Bradley，1984）将税收利益从原来的负债税收利益扩大至非负债税收利益方面，因此，税收利益与各类负债相关成本之间的权衡决定了企业的最优资本结构。国内学者如冯根福等（2000）认为，企业实际所得税税率与账面短期负债比率及市值资产负债率正相关。

2.2.2.2 破产成本与资本结构

巴克斯特（Baxter，1967）指出，企业面临先上升后下降的融资成本曲线，负债过多不仅会增加加权资本成本，还会增加破产成本风险，因此节税收益会逐渐被破产成本风险增加的损失所抵消。斯蒂格利茨（Stigliz，1974）也提出，当企业面临高成本的破产清算时，更愿意选择重组来解决财务困境。迪安杰洛和马苏里斯（DeAngelo & Masulis，1980）认为，负债率为零的企业同样存在税收屏蔽，并最先在模型中纳入企业的违约成本，提出折旧和投资课税扣除足以推翻米勒的财务杠杆与资本结构无关论。

动态权衡理论基于市场半强式有效的假设，在充分信息的条件下，企业管理者进行投融资决策以追求企业价值最大化为目标。在大部分时间里，企业的杠杆率都会偏离最优水平，而仅有短暂时期处于最优水平。因此，企业的资本结构会在一个管理层可容忍的区间内波动，由于调整成本的存在，只有当偏离最优值较远或者调整收益大于调整成本时，企业才有动力调整资本结构。布纳恩和施瓦茨（Brennan & Schwartz，1978）首次基于税盾利益和破产成本建立了动态权衡模型，主要分析公司所得税对企业价值与最优资本结构的影响。凯恩等（Kane et al.，1984）则考虑了个人所得税、破产成本以及借债公司所采用的价值评价模式。费希尔等（Fischer et al.，1989）在凯恩等（Kane et al.，1984）提出的模型基础之上，分析了负债的节税利益与破产成本之间的相互消减效应，将期权定价理论应用于企业价值评估中，首次将调整成本引入权衡理论的动态性研究中。

动态权衡理论的主流观点认为，企业资本结构长期变化趋势较稳定的原因在于资本结构存在均值回复的趋势，或起因于企业的进入和退出过程。因此，对动态权衡理论的实证检验主要集于企业是否存在目标资本结构、目标资本结构的影响因素，以及当实际资本结构与目标资本结构发生偏离时是否存在均值回复的趋势。早期相关的实证研究以企业一定时期资本结构的均值作为目标资本结构的代理变量。但后续实证研究证实，目标资本结构会随财务特征变量的变化而变化。

法玛和弗伦奇（Fama & Freneh，2002）采用一个两阶段的部分调整模型检验了资本结构均值回复，实证结果表明，发放股利公司的均值回复的区间为7%～10%，而不发放股利公司的均值回复区间为15%～18%。格雷厄姆和哈维（Graham & Harvey，2001）对392家企业CFO采取问卷调查，结果表明，大部分企业具有较明确的目标资本结构或区间，而只有19%的企业没有目标资本结构。凯汉和蒂特曼（Kayhan & Titman，2007）以美国非金融类上市公司的数据为样本进行了实证研究，发现现金流、投资支出和股票价格变化历史对上市公司资本结构的长期变化都具有显著影响，但这些因素的影响并不具有持续性，因此，资本结构可能存在一个长期的目标比率。弗兰纳里和兰根（Flannery & Rangan，2006）认为，企业的目标资本结构会随着时间而发生变化，在此过程中，交易成本也会发生影响。

在金融化的影响研究中，机构投资者和监管压力迫使中国非金融上市公司改变投融资决策，资产构成更多地服从流动性要求，管理层的激励制度更多与短期绩效和资本市场表现挂钩（Orhangazi，2008），使得企业杠杆率居高不下（曾海舰和苏冬蔚，2010），且资本构成中更多依赖于流动性更高的金融资产。追求短期收益使得财务管理模式更倾向于投资期限短、可撤销的金融资产（Stockhammer，2004），而大量针对中国上市公司的研究表明，有形资产持有比例与最优资本结构显著正相关（于蔚等，2013；刘贯春，2019），有形资产持有比例的下降促使企业的最优资本结构下降和抵押担保能力不足，这对于依赖银行信贷的企业而言又将加剧融资约束问题。

2.2.3　信息不对称和融资约束理论

融资约束（financing constraints）是指企业在为生产经营或投资项目融资时面临的一系列限制。这些限制主要来源于两个方面：一是企业无法达到对外融资的门槛条件，如企业规模、盈利状况、抵押物价值等；二是企业无法满足外部投资人的高资本回报率要求，即对外融资的资金成本超过企业的预期投资收益。在 MM 理论假设的完美资本市场中，企业的外部资本和内部资本可以相互替代，投资资金的供给不会受到财务状况的影响，即假设供给完全富有弹性，企业使用的资金规模由资金的需求侧决定（Modigliani & Miller，1958）。然而，完美资本市场的强假设在现实中无法成立，企业的内部人和外部投资人之间存在信息不对称，可能产生道德风险和逆向选择，企业必须为外部资本支付风险溢价来吸引外部投资；或者企业所有者需承担管理层的较高代理成本，这都会使外部融资成本高于内部融资成本，两者之间并不存在完全的替代性；且当内外部融资成本差异较大时，企业不得不更多地依赖于较低成本的内部融资方式。

阿克洛夫（Akerlof，1970）首次在《次品问题》一文中提出"信息市场"的概念，而信息不对称（asysmmetic information）理论由斯宾塞（Spence，1974）和斯蒂格利茨（Stiglitz，1977；1983）首次提出，该理论认为，市场中的交易双方所掌握的信息是不对称的，卖方通常比买方拥有更多信息优势并因此获益，而当买方意识到信息不对称的存在并因此要求获得风险补偿时，往往会增加交易成本甚至使得交易无法进行。信号传递如资本市场上的信息披露可以缓解信息不对称造成的交易摩擦。格林沃尔德、斯蒂格利茨和韦斯（Greenwald，Stigliz & Weiss，1984）以及迈尔斯和梅吉拉夫（Myers & Majluf, 1984）建立了不完美市场下的融资优序理论，提出资本市场中的信息不对称问题普遍存在，这使得企业的内外部融资成本存在差异，这种差异大小及企业面临的融资约束程度的严重性，与信息不对称程度呈正比。

融资约束的概念由法扎里等（Fazzari et al., 1988）首次正式提出，认为当企业的内部资金无法满足研发支出的资金需求，而资本市场的不完善限制企业不能或只能较少地从外部融资时，就称该企业面临融资约束，并通过股利分配率来度量融资约束程度，股利分配率越低的企业面临的融资约束越严重；反之，股利分配率高表明企业的内部资金充裕，面临的融资约束程度越低。伯南克和格特勒（Bernanke & Gertler, 1989, 1990）以及格特勒（Gertler, 1992）在法扎里等（Fazzari et al., 1988）的模型的基础上加入了代理成本，提出管理层在投资净现值为正的项目时会牟取私利，从而在企业内部管理者和外部投资者之间产生代理冲突，投资者会要求一定的风险补偿，因此代理成本问题与信息不对称一样，也会使得企业的外部融资成本高于内部融资成本。因此，企业的投资决策和投资规模不仅受到资金需求的影响，也会受到资金供给的影响，融资约束会使得资金供给主要取决于内部资本的多少。法扎里等（Fazzari et al., 1988）的模型被广泛引用，直到卡普兰和津加莱（Kaplan & Zingales, 1997）以法扎里等（Fazzari et al., 1988）的方法重新进行回归检验，却得出了相反的结论，发现"投资—现金流敏感性"不一定会随着融资约束程度而单调增加，并提出法扎里等（Fazzari et al., 1988）可能是忽略了代理成本影响而得出的结论，因而"投资—现金流敏感性"并不是一个度量融资约束程度的良好指标。近期，相关文献在"投资—现金流敏感性"模型中加入了更多的影响因素，如现金持有行为、资产出售行为、股票回购等，此后的文献还采用"现金—现金流敏感性"或构造企业财务变量的线性组合来度量融资约束程度。但这些企业行为特征和财务变量与融资约束程度的单调关系并不稳定，更难一一对应，这使得如何更准确地度量融资约束程度成为微观金融领域颇受争议的问题。

大量关于成熟资本市场的实证研究结果都证实了融资约束的普遍存

在，更多的文献关注于企业融资约束程度的影响，如更严重的融资约束是否会减少企业的研发投入、或增加企业的现金持有水平。塞纳蒙等（Cynamon et al.，2012）将股票发行和股票回购加入研发投资模型中，发现年轻的美国上市公司相较于成熟公司而言，现金流充裕对投资水平具有显著的正向影响，并将美国20世纪90年代的研发创新繁荣归因于公司外部股权融资的便利。詹姆士·布朗（J. R. Brown，2012）将现金持有和股票发行加入研发投资模型中，发现现金持有行为有助于平滑研发支出，并使得研发支出对企业的现金流敏感性增强。

在金融化的影响研究中，企业投资标的主要是两类资产——固定资产即实业投资以及金融资产，而为两类资产融资的来源也即资金的供给包括内部融资和外部融资，内部融资除了传统理论指出的主营业务产生的经营性现金流、前期固定资产投资的本金和投资收益，还包括金融资产的本金和投资收益。融资约束的存在一方面会使得企业偏离最优目标投资水平，另一方面会使外部融资受困的企业转而依赖内部融资，其中包括持有更多现金资产（Opler et al.，1999；Almeida et al.，2004）。但现金资产不能产生收益以及容易被管理层侵占或滥用，其总量规模会受到控制，而金融资产和投资性房地产等预期收益更高的资产就成为重要的内部融资渠道。这说明金融化问题会对企业融资约束的需求侧和供给侧都产生影响，即金融资产的投资影响资金需求、金融投资的盈利或亏损影响资金供给，偏颇一方的研究都是不完整而应受到质疑的。

2.2.4 资产定价和投资组合理论

金融资产的定价方法包括绝对定价法和相对定价法两类，绝对定价法是根据金融工具未来现金流的特征，运用恰当的贴现率将这些现金流贴现成现值，并且加总，从而获得该证券的合理价格。股票和债券定价一般使用绝对定价法。相对定价法也称为无套利定价法，是通过其他资产的价格来推断某一资产的价格，其逻辑出发点是功能完好的证券市场不存在套利机会，如果两种证券能够提供投资者同样的收益，那么它们的价格一定相等，即"一价原则"。复制是套利定价的核心分析技术，一般用于衍生产品的定价。

投资组合理论建立在新古典主义经济学一般经济均衡存在的定理（Arrow K. & G. Debreu，1954）基础之上。1952 年，哈里·马科维茨（Harry Markowitz）在其著作《投资组合选择》（*Portfolio Selecting*）中提出为追求收益最大化，投资者如果只投资单一资产是低效的做法，为达到分散风险的目的应该尽可能增加投资篮子中的资产数量，合理配置风险资产的权重并加入无风险资产，从而构建一个完整的投资组合。他首次通过数学公理化的方法来度量收益和风险，以及效率风险投资的所有可能组合，即"均值—方差理论"和"有效前沿理论"。马科维茨开创的"投资组合选择理论"也成为现代金融经济学的开端和现代金融投资理论的基础，然而，当资产数量增加时，所需要的均值和方差数量会呈几何级数递增，这使该理论的实证应用受到了很大限制。

1964 年，威廉·夏普、林特纳和莫辛（Willian Sharpe，Lintner & Mossin）在投资组合选择理论的基础上分别独立地提出了资本资产定价模型（capital assets pricing model，CAPM），夏普的"单一指数模型"为解决投资组合理论的实证缺陷提供了一种全新的思路，因为他将风险资产的收益只与市场指数挂钩，风险溢价的高低取决于该风险资产与市场指数的相关性，称为"β 系数"。CAPM 的核心概念是"最优投资比例"和"最佳风险资产组合规模"，将投资组合的预期收益和风险之间的关系通过简单的线性模型表达出来，使资产定价进一步量化和可复制化。此后，资本资产定价模型被广泛引用于实证分析中，并成为经理人业绩评价的方法之一。"最优投资比例"是在风险资产组合内部，将预期收益与风险挂钩，即投资者的目标是风险一定的条件下追求收益最大化，或收益一定的条件下追求风险最小化，是有效前沿理论的延伸；而"最佳风险资产组合规模"是对投资组合选择理论的修正，即认为投资组合中风险资产的数量并非越多越好，原因在于多元化投资无法分散系统性风险，而且一味增加投资组合数量会使管理成本激增，最佳组合取决于分散非系统性风险的收益与管理成本的损失之间的权衡取舍。

1976 年，罗斯（Ross）提出的套利定价理论（arbitrage pricing theory，

APT）放松了 CAPM 中无限制卖空的假设，并检验了现实资本市场中一定程度的卖空限制对证券市场线的影响。他提出，当投资者可以无限制地以无风险利率借贷时，CAPM 成立；如果无风险资产和风险资产需要承担一个较高的惩罚费率来进行卖空的话，CAPM 不成立；如果只有风险资产可以自由卖空而无风险资产需要承担惩罚费率，则资本市场线的截距项不再是无风险利率。罗斯在他的经典论文《资产定价的套利利率》中，以夏普（Sharpe，1963）提出的单因素模型为基础，严密地推导了套利定价理论，以无套利条件来定义均衡，无须构建市场组合，所依赖的假设比 CAPM 更合理和容易满足。罗斯认为，投资的实际收益是由资产预期收益的因素模型决定，投资分析的主要任务在于识别这些影响因素并确定资产预期收益对这些不同因素的敏感系数。实现无套利定价条件的基本原理是单一价格规则，当风险资产组合不处于 APT 的"期望收益率—风险敏感系数"的平面上的话，就会产生套利机会，而持续的市场套利行为会使市场恢复均衡，资产收益率符合套利定价公式。当影响资产预期收益的因素仅仅包含市场组合时，从 APT 便可推导出 CAPM 的一般公式，因此 APT 也被认为是广义的 CAPM。

在金融化的研究中，如果投资者将金融资产、投资性房地产等与固定资产一起放入资产组合篮子，则流动性是影响资产组合价值和投资回报的重要影响因素，因为流动性不足产生的成本会在资产交易中反复发生，这让投资者不断学习并优化资产组合的配置比例（Amihud，2006）。吴卫星和齐天翔（2007）以中国上市公司的年度数据为样本，发现非流动性资产对投资者的决策影响显著，主要表现为股票和房地产投资对固定资产投资所产生的"挤出效应"或"替代效应"，这也反映了中国投资者的心理偏好。袁宁（2009）通过构建动态回归模型的方法证明了流动性资产在资产组合中的重要意义，认为流动性溢价应该用于弥补投资者投资非流动性资产时所承担的流动性风险，并引入非流动性资产的影子价格来度量流动性风险对资产组合真实价值的影响，得出了模型的解析解。

第3章　企业金融化对实业投资的影响研究

3.1　引言

微观企业层面的金融化，主要包括非金融企业持有更多金融资产和利润更多来源于金融收益两个方面，这称为狭义金融化率上升（Arrighi，1994；Krippner，2005）。根据 CSMAR 数据库显示，中国 A 股上市公司中持有金融资产的非金融类公司的数量从 2007 年的 672 家增长至 2016 年的 1 055家；持有金融资产的总规模从 2007 年的 2 547 亿元增长到 2016 年的 15 006 亿元，年均复合增长率达到 21.78%。与此同时，非金融上市公司持有的金融资产的类型也呈现多元化趋势，从传统的股票和债券逐渐发展为理财信托产品、委托贷款等，以及直接参股金融机构。另外，非金融上市公司的金融收益也从 2007 年的 537 亿元增长到 2014 年的 2 319 亿元，年均复合增长达到 23.24%。由此可见，中国非金融上市企业金融化的进程速度之快、规模之大是前所未有的。而与此同时，非金融上市公司的实业投资意愿低迷，固定资产投资占比即实业投资率却出现持续下滑的态势。根据万得（Wind）资讯的数据，中国企业平均实业投资率在 2007 年第三季度达到峰值9%之后，就呈持续下降趋势，到 2015 年初的不到5%的水平。因而，金融化程度上升和实业投资率下降，是中国目前非金融企业投资结构和趋势的典型特征。

尽管关于金融化对经济体系的影响的理论文献已经足够丰富，但各学派的实证分析仍主要是从宏观视角和宏观经济数据出发，尤其是在实业投资领域。最早从微观企业视角探讨金融化对实业投资影响的理论文献可追溯至法扎里和莫特（Fazzari & Mott，1986）以及恩迪库马纳（Ndikumana，1999）的研究，此后，代表性文献奥尔汉加济（Orhangazi，2008）和德米尔（Demir，2009）从微观视角研究了金融化对企业投资和资本积累的影响。本章立足于从企业的微观层面研究金融化问题，探讨金融化与实业投资的关系，是负向影响还是正向影响，抑或是两者兼存？已有观点存在明显分歧，且支持负向影响观点的文献明显多于后者，也鲜有同时讨论正负两方面影响的文献。

一类文献认为，金融化对实业投资会产生"挤出效应"的负面影响。如奥尔汉加济（Orhangazi，2008）对美国 1973～2003 年非金融上市公司的实业投资率和金融化之间的关系进行了研究，发现两者存在着显著的负向关系。奥尔汉加济将其原因归于：一方面，企业从金融渠道获取的高收益会驱使管理层改变实业投资在经营中的优先决策，推迟或缩减实业投资；另一方面，增加的金融投资会减少企业的内部资金，且会缩短管理层的规划周期，增加不确定性，抑制实业投资，这一观点是非常有代表性的。德米尔（Demir，2009）使用资产组合选择模型对墨西哥、阿根廷和土耳其 20 世纪 90 年代的微观企业数据进行了实证分析，指出在利率波动程度和不确定性加大的市场环境下，企业会偏向于投资可撤销的短期金融资产而非不可撤销的长期固定资产。托里和奥纳兰（Tori & Onaran，2017）对英国 1985～2013 年非金融上市公司数据的实证研究显示，无论是金融支付（利息和股利）还是财务收入，都与资本积累率呈负相关关系，这种负相关关系在危机前期表现得更强。国内文献也大多支持"挤出效应"说。胡奕明等（2017）经统计发现，在 2002～2014 年，中国非金融上市公司持有的金融资产平均规模和金融资产占总资产比重的平均值呈逐年递增趋势，平均规模从 2002 年的 3.46 亿元增长到 2014 年的 11.87 亿元，而同期，非金融上市公司却出现利润增速放缓态势。张成思和张步昙（2016）认为，经济金融化显著降低了企业的实业投资率，并弱化了货币政策提振实体经济的效果；同时，金融资产的风险收益错配也抑制了实业投资，且这种抑制效应随着金融化程度的提升而增强。

另一类文献支持金融化对实业投资的正面影响，即金融资产的收益会缓解企业的融资约束，对实业投资产生"蓄水池效应"（reservoir effect）。史密斯和世图兹（Smith & Stulz, 1985）以及世图兹（Stulz, 1996）认为，持有金融资产的企业可以通过出售金融资产降低财务困境成本，促进实业投资。肖恩（Sean, 1999）认为，金融资产的价格上升会改善资产负债表，有利于企业再融资并进行实业投资。达钦（Duchin, 2010）认为，内源性现金流可以有效缓解企业面临的外部冲击对投资的影响。近期持乐观观点的文献数量逐渐增加。鲍德和杜兰德（Baud & Durand, 2012）发现，在 1990~2007 年美国零售业企业总体销售增长率下降的同时，平均 ROE 却上升了。他们认为，原因是这些零售业企业在全球化扩张的过程中大幅度增加了金融资产持有比例，缓冲了主营业务收入下滑带来的影响，这在很大程度上迎合了缺乏耐心之股东的利益。克里曼和威廉姆斯（Kliman & Williams, 2015）通过实证证据证明了金融化并未造成美国非金融企业实业投资率下降。

进一步地，金融化对实业投资的正向或负向影响必然会发生，还是受到企业融资约束程度的影响表现出不同的效应？抑或是受到某些外生因素如企业规模、股权性质、货币政策等的影响而呈现不同的调节效应？本书将逐步进行实证分析来尝试回答这些问题。

3.2　理论分析与研究假设

3.2.1　理论依据

在具有完全信息的完美资本市场假设下，莫迪利安尼和米勒（Modigliani & Miller, 1958）认为，企业的投资决策与财务状况无关。然而，在不完美或不完全的资本市场中，企业面临着不确定的外部融资环境和经营前景，投资决策将与财务结构相关联，因为存在摩擦的市场中外部融资成本很可能超过内部融资成本。解释这一现象的理论包括信息不对称理论（Greenwald, Stiglitz & Weiss, 1984; Myers & Majluf, 1984; Myers, 1984）、代理成本理论（Bernanke & Gertler, 1989, 1990; Gertler, 1992）等。在不完全的市场中进行投融资的企业会对内部资金的可获得性非常敏感，因为与外部融资相比，内部融资具有明显的成本优势。

以法扎里等（Fazzari et al., 1988）为代表，一系列相关的实证研究强有力地支持了这种融资优序的存在，尤其是在那些被定义为面临高融资约束水平的企业，在为经营或投资项目筹资时，往往遵循"内部融资、债务融资、权益融资"的先后顺序。这些研究按照企业的不同特征度量融资约束程度，如股利分配、规模、年龄或债券评级等。这一系列的实证研究都表明，融资约束程度越高的企业，在进行投资决策时会对企业内部现金流更加敏感。本书主要的理论依据即信息不对称理论和融资约束理论。

中国在经历了十年的金融周期扩张期之后，金融资产和房地产价格的上升为企业充实内部现金流提供了另一条有别于主营业务盈利和实业投资获利的途径，从而扩充了企业资金的供给，一定程度上缓解了企业面临的融资约束。而从资金的需求角度，要保持金融资产盈利的可持续性，进行前期调研、挑选合适标的成为了企业必备功课，这势必挤占实业投资的已有资源。于是，从企业投资的资金供给和资金需求两个角度构建预算约束，进行投资决策分析，将为拓展融资约束理论和丰富经济金融化的微观实证分析提供一种新的思路。

3.2.2　研究框架：经典的投资模型和财务变量的影响

本书基于新古典经济学关注个体最优的出发点，构建在一定的投融资约束条件下，企业追求股东价值最大化的理论框架，推导出企业资本积累的影响因素模型，为下文的实证分析部分寻找理论依据。

企业的投融资约束条件是，在某一会计年度上，为投资筹集的资金供给应至少等于该年度上的资金需求。企业投资标的主要是两类资产——固定资产（实业投资）和金融资产，可将二者看作企业的"投资组合"

（Crotty，2005），而为两类资产融资的资金供给包括内部融资和外部融资。内部融资源于主营业务产生的经营性现金流、前期固定资产投资的本金和投资收益，以及金融资产的本金和投资收益；外部融资源于新增借债和股票。因此，投融资约束条件可写为：

$$\dot{I} + \dot{F} + i \cdot Loan + Div = Cash + I \cdot (1 + \pi) + F \cdot (1 + r) + Loan + Issue$$

$$(3-1)$$

其中，I 表示 t 期固定资产投资水平，F 表示 t 期金融资产投资水平，$Loan$ 表示借债，i 表示借款利率，Div 表示股利分配，$Cash$ 表示企业内部现金及现金等价物余额，π 表示固定资产利润率，r 表示金融资产收益率，$Issue$ 表示新发行的股票。变量上的点代表该变量的 t 期值与（t−1）期值之差，如 $\dot{I}$ 表示 t 年新增的固定资产投资额。

　　企业追求股东价值最大化的目标往往会缩短管理层投资决策的时间跨度，使得在决定固定资产的投资期限和金额时会更大程度上受到金融资产投资的影响，这使得投资决策往往面临着两者之间的权衡取舍。克罗蒂（Crotty，1990）、斯托克哈默（Stockhammer，2006）认为，股东价值导向的变化使得管理层激励和管理目标的优先次序发生了变化，这会导致经理人迎合机构投资者利益，更看重短期利润，而配置更多金融资产。因而，为实现股东价值最大化，管理层会优化投资结构，企业内部两类资产的配置比率会趋向于朝着"合意的"投资水平调整，且两类资产的投资比率也会相互影响。因此，企业实业投资率的高低是由实际投资水平与合意投资水平之间的差异决定，可用函数形式表达其影响因素为：

$$\frac{\dot{I}}{K} = f(I^* - I, \ F^* - F) \qquad (3-2)$$

其中，K 表示企业总资产，I^* 和 F^* 分别表示固定资产和金融资产的最优持有水平。I^*、I、F^* 和 F 的高低又受到企业内部财务状况和外部经济环境的影响，且 I 和 F 相互影响，提高 F 会缩小其与最优水平 F^* 之间的差距，但由于约束条件式（3−1）的存在，管理层必然会降低 I 来实现股东价值最大化的目标，这也是前期多数文献得到金融化会对实业投资产生"替代或挤出效应"结论的理论依据。但这个结论是单从投资资金的需求角度得出，可能有失全面。如果从投资资金的供给角度，金融资产收益的提高可能会充实企业内部融资的资金供给，缓解外部融资的约束，使等式（3-1）左右两侧的值都增加，当然也增加实业投资水平，形成对实业投资的"蓄水池效应"。而什么条件下产生"挤出"，什么条件下产生"蓄水池"？在融资约束程度不同的公司，表现出金融化对实业投资的影响是否不同？两者发生正向或负向效应之间是否还存在其他调节变量，使得这种"挤出效应"或"蓄水池效应"增强或减弱？

要回答上述问题，就要进一步分析影响企业资本积累率的深层次因素。本书主要从两个方面考察：企业内部的财务因素和外部的行业及宏观经济因素。财务因素主要包括企业现有金融资产投资水平（度量金融化的指标之一）、现金持有水平、盈利能力、持续发展能力、负债状况、投资机会、公司规模、股权性质等；行业因素和宏观经济因素主要包括固定资产的预期回报率、金融资产的预期回报率、行业风险、借贷利率水平、货币政策的宽松程度等。因此，描述企业实业投资率影响因素的函数式（3-2）可改写为：

$$\frac{I}{K} = g(F, Roe, Cfo, Salesgr, Lev, TobinQ, Size, State, \pi, r, \sigma, i, M2)$$

$$(3-3)$$

其中，F 是 t 期期末企业金融资产投资水平，属于度量金融化的存量指标，从投资资金需求的角度，预期对实业投资率产生负向影响；净资产收益率 Roe 描述盈利能力；经营性现金流 Cfo 代表投资内源性资金的供给之一；$Salesgr$ 是销售收入增长率，根据销售加速器模型，度量了公司的持续发展能力；Lev 是财务杠杆率，度量了公司的负债状况；$TobinQ$ 是托宾的 Q 值，度量了投资机会；$Size$ 是公司规模；$State$ 代表公司股权性质，前期文献大多采用虚拟变量表示国有或非国有性质，但随着许多上市公司近年股权性质发生变化，采用国有股持有比例这一连续变量或许能更准确追踪不同年度上的影响；固定资产利润率 π 属于预期值，投资之前不可知，π 值的高低应由 Roe、$Salesgr$ 和 $TobinQ$ 共同推进；金融资产收益率 r 的提升，一方面会激励管理层增加金融资产的投资从而缩减实业投资，另一方面增加的收益会增加企业内源性现金流从而促进实业投资，因而本书采用来源于现金流量表的金融化流量指标 *Finflow* 来取代 r，规避 r 影响正负相抵对结论造成的偏误，并弥补利润指标易于被操纵的缺陷；σ 表示行业风险，用企业所处行业的销售收入的波动性来度量；i 表示借贷利率；*M2* 表示货币政策的宽松程度，用广义货币供给量增长率来度量。

3.2.3　金融化对实业投资的跨期影响："挤出"还是"蓄水池"

企业在追求股东价值最大化的目标下，进行投资决策时将受到资金需求等于资金供给的预算约束，其中，资金供给来源于内部融资和外部融资，资金需求即投资资金的用途。在现有的盈利水平以及没有新增外部融资的条件下，企业的投资决策实质上是构建实业投资和金融资产的投资组合（张成思和刘贯春，2018），投资资金需求侧应主要体现为两者的权衡取舍，因而提出以下假设。

假设 3-1a：从投资资金需求侧，基于资产组合的权衡取舍，持有更多的金融资产会抑制实业投资，表现为金融化存量对当期实业投资的"挤出效应"。

另外，由于中国上市公司的融资配置效率较低，外部融资依然对银行信贷的依赖较强，而信贷资源的获取主要与企业固定资产或销售收入的高低挂钩，却与企业利润率的相关性较弱（刘小玄和周晓艳，2011）。当企业面临的外部融资约束程度较轻，或金融资产的收益积累到一定程度，从而使内部融资资金充沛时，这些内部资金将和经营性现金流扮演的角色一样，提升企业的内部融资能力与投资的抗风险能力，促进实业投资率提升，而这需要一个时间上的累积，表现出金融化对增加实业投资在时间上的滞后性。综上，提出以下假设。

假设 3-1b：从投资资金供给侧，基于资产收益是对内融资的源泉，提高金融资产收益会促进实业投资，表现为金融化流量对下一期实业投资的"蓄水池效应"。

詹森（Jensen，1986）认为，企业会根据自由现金流的可获得性来增加固定资产投资，假设 3-1b 是自由现金流理论的延伸，也是从投资的资金供给角度考查公司财务因素对实业投资的影响。企业收回金融投资或取得投资收益获得的现金和经营性现金一样，将缓解企业面临的财务困境，促进实业投资，其回归系数的高低可能反映了投资效率的高低。本书将在下一章讨论金融化与投资效率关系的议题。

3.2.4 分组回归："挤出效应"是否和融资约束有关

在将所有非金融上市公司的面板数据视为整体进行回归分析时，难以避免的问题是反向因果关系，即作为自变量的金融化会影响实业投资率，反过来，实业投资率也会影响金融化，从回归系数无法直接判断何为因何为果，而对总样本进行分组回归能部分地解决这一问题（Bwo-Nung Huang, Hwang & Yang, 2008）。

本书借鉴法扎里等（Fazzari et al., 1988）的做法，按照股利分配率的高低在每个年度上将公司划分为4组，第25百分位以下的是股利分配率最低的一组，即融资约束组，而第75百分位以上的是股利分配率最高的一组，即非融资约束组。股利分配率的高低为公司是否面临较高的外部融资成本提供了较好的先验标准，当公司的外部融资成本较高而只能转向内部融资时，给股东分配红利时必然表现"吝啬"，这种吝啬程度越高即股利分配率水平越低，融资约束程度越严重。另外，在中国证监会2006年和2008年分别出台和修订强制性现金分红政策后，仍不进行股利分配或股利分配率极低的上市公司，往往业绩表现不佳且成长性较弱，而金融资产配置比例的上升将增加公司投融资决策的不确定性，这将推升投资机会的等待价值而对实业投资形成抑制作用（Rodrik, 1991）。如阿尔斯塔达塞塔等（Alstadsaeter et al., 2017）对瑞典上市公司的实证研究发现，股息税的削减不影响总投资，但会影响投资的分配。综上，公司在进行投资决策时，面临着金融资产投资和实业投资的权衡取舍，股利分配越低的公司，表明投资的资金供给越有限，增加金融资产投资必然要以缩减实业投资为代价，因此本章提出以下假设。

假设3-2a：金融化对实业投资的"挤出效应"主要体现在融资约束组。

高股利分配行为能够向市场传递公司业绩良好、社会责任感强烈的正面信息，有利于提升市值和改善资产负债表，同时增强抵押或质押信贷能力及偿债能力，这可以降低公司的外部融资成本（许圣道和王千，2007），增强面临投资不确定性的抗风险能力。从投资的资金供给角度，表现为金融化可以和实业投资齐头并进，增加金融资产投资的同时也会增加实业投资，而金融资产投资收益又会反哺实业投资，由于时滞性，形成金融化流量对下期实业投资的"蓄水池效应"。综上，本章提出以下假设。

假设 3 - 2b：金融化对实业投资的"蓄水池效应"主要体现在非融资约束组。

3.2.5　调节效应检验："挤出效应"是否会随调节因素而加强或减弱

站在公司投资的资金需求角度，管理层在进行资金用途的决策时面临着固定资产和金融资产的权衡取舍，当增加金融资产投资时会缩减对固定资产的投资，反之反是。那么，这种"挤出效应"是否会受到其他调节因素的影响，而呈现递增或递减的效应呢？本书根据中国上市公司和宏观政策的特点，从公司规模、内源性现金充裕程度和货币政策宽松程度等方面建立"挤出"的调节效应假说并通过实证分析检验。代理理论认为，公司的管理层级越多，代理成本越高，投资效率越低（Jensen，1986；Richardson，2006），公司规模越小，往往意味着信息不对称程度和代理成本越高，管理层在投资时会更关注短期收益，且公司抗风险能力越弱，管理层扩张的冲动不强，在薪酬激励不足的情况下倾向于过一种"宁静的生活"（Bertrand & Mullainathan，2003）。相较于固定资产投资周期长、见效慢的特点，金融资产投资会在这类代理成本高、抗风险能力弱的公司中被列为优先级，使得金融资产对实业投资的"挤出效应"更严重。另外，公司规模也被许多文献作为融资约束程度的代理变量（Almeida et al.，2004；Faulkender & Wang，2006），如果"挤出效应"主要体现在融资约束组的假设 3 - 2a 成立，则以下假设 3 - 3 也应该成立。

假设 3 - 3：公司规模越小，金融化存量对当期实业投资的"挤出效应"越严重。

从投资的资金供给角度，公司的资金包括内部融资和外部融资，本书以内源性现金 *Cash* 作为内部融资便利性的代理变量。代理理论认为，在股东和经理人利益不一致时，当公司内部资金充裕时，经理人滥用资金进行过度投资的情况更严重（Jensen，1986；Richardson，2006），针对中国上市公司的研究也大体支持这一观点（辛清泉，2006；魏明海和柳建华，2007）。而在金融化对实业投资率的"挤出效应"发生时，内源性现金是会激励经理人更多投资于金融资产从而进一步"挤出"固定资产投资，还是会更多投资于固定资产从而缓解"挤出效应"呢？本章提出正向调节的假设 3 - 4 来检验这一对立面的设问。

假设 3 - 4：内源性现金越充裕，越会加剧金融化存量对当期实业投资的"挤出效应"。

另外，中国的货币政策工具日益更新，但货币宽松程度最终都无一例外地体现在广义货币供给量的增长上。在公司内部融资不足时，宽松的货币政策会便利公司的外部融资渠道，在中国依然主要表现为银行信贷，激励公司增加实业投资。此外，宽松的货币政策会推高包括金融资产和投资性房地产的价格，进而激励公司从实业投资转向金融资产投资。最终松银根的影响取决于这两方力量的对比。而真实经验显示，宽松的货币政策确实未能很好地灌溉实体经济，反而引导经济脱实向虚，加剧金融化的"挤出效应"，这或许是由于货币政策的传导机制不畅造成的。综上，本章提出关于 M2 调节"挤出效应"的假设 3 - 5。

假设 3 - 5：货币政策越宽松，越会加剧金融化存量对当期实业投资的"挤出效应"。

3.3　研究设计

3.3.1　样本选择与数据处理

由于 2007 年起新会计准则实施，为了统一度量口径，本书研究样本为

2007 ~ 2018 年中国 A 股非金融（含非房地产）上市公司的年度数据，原始财务数据来源于 CSMAR 数据库，宏观经济数据来源于国家统计局官网。剔除受到一定行政管制的交通运输与仓储业公司，剔除 ST 类上市公司，删除 $TobinQ > 10$ 的观测值，为便于差分分析，删除 2017 年及以后 IPO 的上市公司，最终得到了 23 089 个样本观测值。

3.3.2　变量定义与计算

基于比德尔等（Biddle et al.，2009）、陈世敏等（Chen et al.，2011），以及靳庆鲁等（2012）、喻坤等（2014）对企业投资水平和投资效率的研究，从公司财务变量和宏观经济变量两个角度构建实业投资率的影响因素，公司财务变量包括金融化存量、自由现金流量、投资机会、盈利能力和融资约束，宏观经济变量包括货币政策宽松程度、真实利率水平和行业波动性，建立以下基准回归模型：

$$Invest_{i,t} = \beta_0 + \beta_1 Finstock_{i,t} + \beta_2 Finflow_{i,t} + \beta_3 Cfo_{i,t} + \beta_4 Cash_{i,t} + \beta_5 Roe_{i,t}$$
$$+ \beta_6 Salesgr_{i,t} + \beta_7 Lev_{i,t} + \beta_8 TobinQ_{i,t-1} + \beta_9 Size_{i,t} + \beta_{10} Statown_{i,t}$$
$$+ \beta_{11} Volat_{i,t} + \beta_{12} Loanrate_{i,t} + \beta_{13} M2 + \alpha_i + \varepsilon_i \qquad (3-4)$$

被解释变量 $Invest$ 是衡量公司实业投资率的代理变量，采用现金流量表中"构建固定资产、无形资产和其他长期资产支付的现金"科目加以度量，并通过总资产进行标准化。从式（3-5）开始，回归模型的右侧除 $Finstock$ 和 $Finflow$ 之外，其他解释变量记作控制变量 $Controls$。

进一步地，实业投资一般在时序上存在连续型，将 $Invest$ 的一阶滞后项加入回归模型（3-4）；而解释变量中的财务指标大多是期末值，为体现已实现的财务变量对 $Invest$ 的真实影响，右侧采用滞后项而非当期值，形成动态面板的水平方程（3-5）。相对于干扰项，这些一阶滞后项在随后的 GMM 估计中被视作前定变量处理，从一定程度上缓解了反向因果的影响。

$$Invest_{i,t} = \alpha_0 + \rho Invest_{i,t-1} + \gamma_1 Finstock_{i,t-1} + \gamma_2 Finflow_{i,t-1}$$
$$+ \sum \phi Controls_{i,t-1} + \alpha_i + \varepsilon_{i,t-1} \qquad (3-5)$$

本书从存量和流量两个角度构建度量企业金融化的指标。

金融化的存量指标 $Finstock$ 来源于资产负债，借鉴德米尔（Demir，

2009）的统计方法，本书采取狭义的金融资产口径，包括交易性金融资产、可供出售金融资产、衍生金融资产、持有至到期投资、长期股权投资、应收利息、应收股利以及投资性房地产。与张成思和张步昙（2016）等国内学者的指标有所不同，本书未将"货币资金"纳入金融资产，原因在于，企业持有货币资金多是出于流动性管理的需要，而持有金融资产的目的是获取短期投资收益，因而将流动性最强的"货币资金"剔除；纳入"投资性房地产"，原因在于，本书研究样本剔除了房地产企业，而非房地产企业投资房地产的目的与投资金融资产获取超额收益的目的类似；与胡奕明（2017）的金融资产指标不同，本书未纳入"短期投资"，因为2007年新准则取消了"短期投资"，而设置了"交易性金融资产"和"可供出售金融资产"，不纳入是避免重复计算；与胡奕明（2017）不同，本书未纳入"买入返售金融资产"，原因在于，返售协议中的标的虽都为票据、证券等金融资产，但属于金融机构出于投资目的的科目，不属于非金融企业的样本范围；另外，"长期应收款"也不合理，本书未纳入，而以"长期股权投资"替代。

金融化的流量指标 $Finflow$ 来源于现金流量表。克里普纳（Krippner，2005）提出的"金融化水平是企业金融渠道获利占总营业利润的比值"被广泛接受，阿瑞吉（Arrighi，1994）构建的广义和狭义金融化指标更是被国内学者广泛采用。如张成思和张步昙（2016）、张慕濒和诸葛恒中（2013）在狭义指标中金融资产收益率被认为包括"投资收益""公允价值变动""净汇兑收益"等，但"投资收益"是包括利润、股利和债券利息等的收入减损失，是以项目为边界的货币收入，既包括项目的销售收入又包括资产回收的价值，以它度量金融化显然会高估金融资产的收益率；而"公允价值变动"和"净汇兑收益"更多是企业资产价值的被动波动造成的当期损益，并不符合企业主动投资金融资产获取收益的核算初衷。且中国上市公司利润表科目更可能被操纵，从利润表获取金融资产收益更容易产生度量偏误，而现金流量表科目更客观地反映了投资收益的现金流入和流出，因此本书采用"收回投资收到的现金"和"取得投资收益收到的现金"之和来度量金融资产的投资收益，并用总资产标准化，其中涵盖了本书金融化存量指标中各金融资产投资收益所产生的现金流净额和收回的现金。

其他财务变量包括：Cfo 是公司的经营性现金流，从投资的需求角度，Cfo 是投资盈利性的标志，从支持投资项目的融资供给角度，Cfo 又是低成本的内部资金供给，因此有些文献用它的多寡反映融资约束程度。本书借鉴法扎里等（Fazzari et al.，1988）的做法，除了纳入现金的流量指标，还纳入现金的存量指标，这就是 $Cash$，等于期初现金及现金等价物余额，代表公司的内源性现金的充裕程度，预期 $Cash$ 水平越高，内源性现金越充裕，投资资金的供给越充沛，实业投资率越高。以上两个现金指标都用总资产标准化。Lev 是财务杠杆率，代表公司的资本结构。Roe 是净资产收益率，预期公司的盈利能力越强，实业投资率越高。$TobinQ$ 是托宾 Q 值，代表公司面临的投资机会，由于该指标是个"过度前瞻"的指标，而多数公司存在"投资等待"现象，因此，以 $TobinQ$ 的一阶滞后项作为投资机会的代理变量进入回归模型，当被解释变量是实业投资率的超前项（下期值）时，则以当期值进入回归模型，预期系数为正值。$Salesgr$ 是销售收入年增长率，根据投资的销售加速器模型，它的提高将对实业投资率产生正向推动。$IPOage$ 是自公司 IPO 起的上市年限，在混合 OLS 回归时加入模型，在面板模型中为防止共线性剔除。

宏观经济变量包括：$Volatility$ 是行业波动性指标，用变异系数代表，等于在每个年度上各个行业销售收入的标准差除以销售收入的均值，由于销售收入相较于利润而言更不容易被操纵，所以行业销售收入的波动性更能反映公司所面临的行业环境及进行投资决策时的不确定性，预期行业波动性越高，实业投资率越低。$Loanrate$ 是公司贷款的真实利率，根据费雪等式，近似等于贷款基准利率减去年通胀率，根据宏观经济理论，利率提高会抑制公司的投资，预期系数为负值。$M2$ 是广义货币供给量增长率，根据宏观经济理论，货币政策越宽松，实业投资率应该越高。主要变量的具体定义与计算方式见表 3 – 1。

表 3 – 1　　　　　　　　　　主要变量定义与计算方式

变量名称	变量定义与计算
Invest	实业投资率，等于（构建固定资产、无形资产和其他长期资产支付的现金）／总资产

变量名称	变量定义与计算
Finstock	金融化存量指标，等于（交易性金融资产＋衍生金融资产＋应收利息净额＋应收股利净额＋可供出售金融资产＋持有至到期投资＋长期股权投资＋投资性房地产）／总资产
Finflow	金融化流量指标，等于（收回投资获得的现金＋取得投资收益获得的现金）／总资产
Roe	净资产收益率，反映公司的盈利能力
Cfo	经营活动产生的现金流量净额/总资产
Cash	现金存量指标，等于期初现金及现金等价物余额/总资产
Salesgr	销售收入同比增长率，等于连续两年销售收入的对数值之差
Lev	资产负债率，等于总负债/总资产，作为财务风险的代理变量
TobinQ	托宾 Q 值，等于（流通股市值＋非流通股账面值＋总负债账面值）/总资产账面值
Size	公司规模，等于总资产的自然对数
Statown	国有股持有比例，等于国有股持有数/股本总数
Divrate	股利分配率，等于每股现金股利/每股收益额，属分组变量。以每年 *Divrate* 取值从低到高划分为 4 个百分位组，分别代表低股利分配组（融资约束组）、较低、较高和高股利分配组（非融资约束组）
Volatility	行业波动性指标，用行业销售收入的变异系数代表，等于（各个行业在每个年度上销售收入的标准差/均值）
Loanrate	贷款真实利率，等于（贷款基准利率－CPI 的年增长率）
M2	广义货币供给量年增长率
Year	12 个年度虚拟变量，捕捉不可观测的时间特有因素
Sicda	行业虚拟变量，按证监会行业分类 2012 年版，制造业细分到行业大类，其他行业以门类划分，共 47 类。在 OLS 回归中加入，FE 模型中剔除
α_i	个体固定效应，捕捉不可观测的公司特有因素

3.3.3　变量描述性统计

为避免极端值对回归分析带来的影响，采用 Winsorize 方法对 *Invest*、*Finstock*、*Finflow*、*Cfo*、*Cash*、*Lev*、*Roa*、*Salesgr* 几个连续型变量进行了双侧各 2.5% 极端值的缩尾处理，使得各变量取值概率在样本期间基本呈现正态分布特征，其中，广义货币供给量增长率 *M2* 的中位数是 13.34%，表明样本期间的货币政策大体呈宽松态势。主要变量描述性统计见表 3－2。

表 3-2　　　　　　　　变量描述性统计

变量	观测值个数	最小值	均值	中位数	最大值	标准差
Invest	23 084	0.002	0.054	0.040	0.194	0.047
Finstock	23 089	0.000	0.059	0.024	0.364	0.085
Finflow	23 089	0.000	0.068	0.002	0.767	0.164
Roe	22 972	−0.219	0.078	0.076	0.292	0.094
Cfo	23 089	−0.106	0.045	0.043	0.195	0.066
Cash	23 089	0.017	0.175	0.132	0.584	0.138
Salesgr	19 827	−0.581	−0.009	0.000	0.513	0.224
Lev	23 089	0.070	0.424	0.419	0.832	0.206
TobinQ	23 089	0.153	2.084	1.688	9.998	1.238
Size	23 089	17.879	21.944	21.774	28.520	1.273
Statown	23 089	0.000	0.066	0.000	0.971	0.157
Divrate	23 089	0.000	0.293	0.199	107.407	1.086
Volatility	23 024	0.008	0.553	0.502	2.413	0.215
Loanrate	23 089	−0.590	2.763	2.750	6.010	1.279
M2	23 089	8.100	13.645	13.340	28.500	4.908

对于核心解释变量金融化程度 *Finstock*、*Finflow* 和股利分配率 *Divrate*，构成分子的各项报告为缺失值的以 0 替代，因而变量最小值为 0。而金融化的存量指标的中位数是 0.024，最大值是 0.364，说明有大量公司在许多年度上并未持有金融资产，且数值分布上未见畸高值。如果单从 *Finstock* 的分布很难得出上市公司过度金融化的论断。但观察 *Finflow* 可以看出，样本均值是 6.8%，中位数只有 0.2%，但最大值是 76.7%，说明各企业金融化的情况分布极不平均，许多公司从中获利寥寥，而另有大量公司金融资产投资已为其贡献了相当比例的利润，上市企业金融化趋势已不可忽视。与此形成对比的，因变量 *Invest* 的样本均值是 5.4%，最大值是 19.4%，低于历史数据和研究人员的预期，且几乎保持和 *Finstock* 齐头并进的态势。实业投资率不高是由金融化带来的吗？这需要进一步的实证分析。反映公司盈利能力、持续发展能力和负债状况的 *Roe*、*Cfo*、*Salesgr* 和 *Lev* 的数值相差甚大，有的公司处于亏损境地、经营性现金流净流出或销售收入负增长，有的公司经营稳健、盈利和持续发展能力强；有的公司借

债保守，有的公司过度负债；这表明本样本覆盖面广，观测值具有一定代表性。作为现金存量指标的 *Cash*，取值都为正值，弥补了 *Cfo* 取值有正有负带来的数值突变带来的隐忧（本书未考虑），反映公司内源性现金的充裕程度差距很大。在删除了 *TobinQ* > 10 的观测值之后，*TobinQ* 的最大值是 9.998，最小值是 0.153，跨度依然很大且标准差较大，侧面反映了中国资本市场远非效率市场，*TobinQ* 度量投资机会的有效性有待下文检验。股利分配率 *Divrate* 的数值级差巨大，有的公司一毛不拔，有的公司出手阔绰，以该指标作为分组变量反映公司面临的融资约束程度，具有较明显的区分度。① 反映宏观经济政策的指标分别是 *Loanrate* 和 *M2*，由于在 2007～2018年，央行 20 次调整存贷款基准利率，且本书以扣除了通胀率之后的真实贷款利率代表对外借债成本，因此 *Loanrate* 最低出现负值，最高达到 6.01%。广义货币供给量的增长率 *M2* 波动也较大，且样本期间每年都是正增长，表明货币政策整体上呈宽松趋势。

3.4　实证分析

3.4.1　相关性分析和金融化对当期实业投资影响的基准回归分析

对总样本进行皮尔逊（Pearson）相关性分析（见表 3 - 3）和混合 OLS 回归［见表 3 - 4 列（1）］的结果显示，不论是金融化存量指标还是流量指标，都与实业投资率显著负相关，支持前期认为金融化对实业投资具有绝对"挤出效应"的文献。

---

① 定义虚拟变量"最低股利分配组" *FC*1 和"最高股利分配组" *FC*4，然后以 *FC*1 和 *FC*4 这两个二分变量为划分标准，分别进行独立样本 T 检验和非参数 Mann-Whitney 的 U 检验，结果显示，"最低股利分配组"与"非最低股利分配组"之间、"最高股利分配组"与"非最高股利分配组"之间，在股利分配率、经营性现金流上都存在显著差异，证明以 *Divrate* 作为分组变量具有良好区分度，且能代表公司的融资约束程度。

表 3 – 3　　　　实业投资率与核心解释变量的 Pearson 相关性分析

变量	Finflow	Finstock	Roe	Cfo	Cash	Salesgr	Lev	Invest
Finflow	1.000							
Finstock	0.104 *** (0.000)	1.000						
Roe	0.039 *** (0.000)	– 0.017 *** (0.010)	1.000					
Cfo	0.028 *** (0.000)	– 0.027 *** (0.000)	0.334 *** (0.000)	1.000				
Cash	0.023 *** (0.001)	– 0.068 *** (0.000)	0.224 *** (0.000)	0.134 *** (0.000)	1.000			
Salesgr	0.022 *** (0.002)	– 0.077 *** (0.000)	0.073 *** (0.000)	0.078 *** (0.000)	– 0.01 (0.218)	1.000		
Lev	– 0.172 *** (0.000)	– 0.01 * (0.096)	– 0.145 *** (0.000)	– 0.113 *** (0.000)	– 0.466 *** (0.000)	– 0.036 *** (0.000)	1.000	
Invest	– 0.068 *** (0.000)	– 0.173 *** (0.000)	0.124 *** (0.000)	0.146 *** (0.000)	– 0.046 *** (0.000)	– 0.059 *** (0.000)	– 0.032 *** (0.000)	1.000

注：括号中为 t 检验的 P 值，*、*** 分别表示两变量在 10% 和 1% 的显著性水平上相关；被解释变量列示在最下一行，便于呈现 Invest 与其他解释变量的相关系数。

表 3 – 4　　　　金融化对当期实业投资率影响的多种回归结果分析

变量	(1) 混合 OLS	(2) 固定效应	(3) 公司层面 聚类	(4) BS500 标准误	(5) 一阶差分	(6) 二阶差分
$Finstock_{i,t}$	– 0.102 *** (– 29.16)	– 0.068 *** (– 11.31)	– 0.068 *** (– 8.17)	– 0.068 *** (– 8.33)	– 0.039 *** (– 4.55)	– 0.039 *** (– 3.94)
$Finflow_{i,t}$	– 0.007 *** (– 4.14)	0.006 *** (2.80)	0.006 ** (2.17)	0.006 ** (2.16)	0.009 *** (3.08)	0.008 ** (2.44)
$Cfo_{i,t}$	0.081 *** (15.14)	0.004 (0.68)	0.004 (0.60)	0.004 (0.61)	0.029 *** (6.11)	0.036 *** (7.37)
$Cash_{i,t}$	– 0.058 *** (– 20.65)	– 0.027 *** (– 7.84)	– 0.027 *** (– 5.99)	– 0.027 *** (– 6.22)	– 0.069 *** (– 15.96)	– 0.080 *** (– 16.46)
$Lev_{i,t}$	– 0.027 *** (– 12.70)	– 0.023 *** (– 7.86)	– 0.023 *** (– 5.21)	– 0.023 *** (– 4.95)	– 0.001 (– 0.31)	0.003 (0.54)

变量	(1) 混合 OLS	(2) 固定效应	(3) 公司层面 聚类	(4) BS500 标准误	(5) 一阶差分	(6) 二阶差分
$Roe_{i,t}$	0.046 *** (12.09)	0.044 *** (11.86)	0.044 *** (9.22)	0.044 *** (9.51)	0.008 ** (2.20)	0.006 (1.40)
$TobinQ_{i,t-1}$	− 0.002 *** (− 5.10)	0.000 (0.66)	0.000 (0.52)	0.000 (0.52)	0.001 (1.45)	0.000 (0.92)
$Salesgr_{i,t}$	− 0.020 *** (− 13.26)	− 0.015 *** (− 12.09)	− 0.015 *** (− 9.98)	− 0.015 *** (− 10.22)	− 0.004 *** (− 4.11)	− 0.002 * (− 1.71)
$Statown_{i,t}$	− 0.003 (− 1.16)	0.004 (1.57)	0.004 (1.24)	0.004 (1.24)	0.002 (0.65)	0.005 (1.25)
$Volatility_{i,t}$	− 0.004 ** (− 2.09)	− 0.004 * (− 1.94)	− 0.004 (− 1.30)	− 0.004 (− 1.32)	0.004 (1.40)	0.005 (1.58)
$Loanrate_t$	− 0.004 *** (− 12.18)	− 0.002 (− 1.16)	− 0.002 * (− 1.65)	− 0.002 * (− 1.76)	0.003 *** (2.99)	− 0.000 (− 0.61)
$Size_{i,t}$	0.002 *** (4.77)	0.004 *** (6.14)	0.004 *** (3.50)	0.004 *** (3.48)	0.007 *** (4.73)	0.006 *** (3.11)
$M2_t$	0.001 *** (13.06)	− 0.000 (− 0.96)	0.003 *** (6.16)	0.003 *** (6.43)	0.001 *** (3.00)	− 0.000 (− 1.08)
$Constant$	0.044 *** (5.35)	− 0.035 ** (− 1.98)	− 0.064 ** (− 2.04)	− 0.064 ** (− 2.06)	0.002 * (1.92)	0.002 *** (2.62)
时间虚拟 变量	是	是	是	是	是	是
个体固定 效应	否	是	是	是	是	是
N	19 684	19 684	19 684	19 684	16 585	13 686
R^2	0.166	0.14	0.14	0.14	0.039	0.037
R^2_ within	—	0.14	0.14	0.14	0.039	0.037

注：括号中为 t 统计量；*、**、*** 分别表示 10%、5% 和 1% 的显著性水平；R^2_ within 表示组内判定系数；Finstock 指标的构造来源于资产负债表，是存量概念，表示年底这一时点上公司持有的金融资产总量，Finflow 指标的构造来源于现金流量表，是流量概念，表示整个年度这一时期公司收回金融资产投资和取得金融收益获得的现金，以下各表同。

但是，在考虑面板模型中各截面单位之间的组间异质性和聚类效应后，计算固定效应组间估计值［见表 3 - 4 列（2）］；然后借鉴彼得森

（Petersen，2009）的做法，控制年度虚拟变量和在公司层面进行 Cluster 处理［见表 3 - 4 列（3）］；进而为获得稳健的标准误，采用 500 次 Bootstrap 进行估计［见表 3 - 4 列（4）］，我们发现了和已有文献不太一致的结论：*Finstock* 与 *Invest* 显著负相关，表现出金融化存量对实业投资率的"挤出效应"；而 *Finflow* 与 *Invest* 显著正相关，表现出金融化流量对实业投资率的"蓄水池效应"。进一步地，为规避其他解释变量出现衡量偏误对金融化变量系数估计的影响，表 3 - 4 中列（5）和列（6）分别采用一阶差分和二阶差分估计，结果显示，*Finstock* 与 *Invest* 负相关但不再显著，*Finflow* 与 *Invest* 显著正相关，这可能表示金融化流量对实业投资的影响更多表现为"蓄水池效应"而非"挤出效应"，下文将通过分组回归方法检验这一推测。

3.4.2 金融化对下期实业投资影响的动态回归分析

3.4.2.1 动态面板水平模型（3 - 5）的实证分析

借鉴靳庆鲁等（2012）和喻坤等（2014）的做法，考虑实业投资率 *Invest* 的一阶自回归效应，并将财务变量的一阶滞后项作为解释变量，减少内生性影响，构建动态面板水平模型（3 - 5），其中，α_i 表示个体固定效应，采用不同估计方法的回归结果见表 3 - 5。

表 3 - 5　　金融化对下期实业投资率影响的多种回归结果分析

变量	（1） 固定效应	（2） 公司层面聚类	（3） BS500 标准误	（4） 固定效应 组内去均值	（5） Fama-MacBeth 组内去均值
$Invest_{i,t}$	0.310 *** （41.69）	0.310 *** （28.56）	0.310 *** （29.48）	0.310 *** （41.65）	0.338 *** （5.78）
$Finstock_{i,t}$	- 0.001 （ - 0.09）	- 0.001 （ - 0.07）	- 0.001 （ - 0.07）	0.004 （0.69）	0.006 （1.45）
$Finflow_{i,t}$	0.009 *** （3.72）	0.009 *** （3.18）	0.009 *** （3.36）	0.009 *** （3.86）	0.006 * （1.81）
$Cfo_{i,t}$	0.005 （0.99）	0.005 （0.92）	0.005 （0.91）	0.003 （0.62）	0.024 （1.16）

续表

变量	(1) 固定效应	(2) 公司层面聚类	(3) BS500 标准误	(4) 固定效应 组内去均值	(5) Fama-MacBeth 组内去均值
$Cash_{i,t}$	0.055 *** (16.00)	0.055 *** (12.68)	0.055 *** (12.14)	0.054 *** (15.57)	0.041 *** (4.80)
$Lev_{i,t}$	-0.012 *** (-4.05)	-0.012 *** (-2.96)	-0.012 *** (-3.04)	-0.010 *** (-3.19)	-0.005 (-0.95)
$Roe_{i,t}$	0.042 *** (11.17)	0.042 *** (9.22)	0.042 *** (8.44)	0.045 *** (12.00)	0.038 *** (6.30)
$TobinQ_{i,t}$	0.001 *** (2.79)	0.001 ** (2.29)	0.001 ** (2.25)	0.001 *** (2.98)	0.002 ** (2.65)
$Salesgr_{i,t}$	-0.006 *** (-5.18)	-0.006 *** (-4.60)	-0.006 *** (-4.75)	-0.005 *** (-4.27)	-0.002 (-1.22)
$Statown_{i,t}$	0.005 ** (2.17)	0.005 ** (2.01)	0.005 ** (2.18)	0.003 (1.42)	-0.003 (-0.47)
$Volatility_{i,t}$	-0.004 ** (-1.96)	-0.004 * (-1.67)	-0.004 (-1.59)	-0.004 * (-1.95)	-0.004 * (-2.00)
$loanrate_t$	0.001 (0.49)	-0.006 *** (-4.79)	-0.006 *** (-4.60)	-0.000 (-0.96)	0.003 (0.99)
$Size_{i,t}$	-0.001 (-1.51)	-0.001 (-1.21)	-0.001 (-1.18)	-0.001 (-1.06)	-0.002 (-0.76)
$M2_t$	-0.001 *** (-3.19)	-0.002 *** (-4.10)	-0.002 *** (-3.85)	—	—
Constant	0.053 *** (2.92)	0.077 *** (3.60)	0.077 *** (3.53)	0.045 *** (2.59)	0.066 (1.22)
时间虚拟变量	是	是	是	是	否
个体固定效应	是	是	是	是	否
N	16 621	16 621	16 621	16 621	16 621
R^2	0.237	0.237	0.237	0.234	0.349
R^2_ within	0.237	0.237	0.237	0.234	—

注：括号中为 t 统计量；*、**、*** 分别表示10%、5%和1%的显著性水平；R^2_ within 表示组内判定系数；模型（3-5）的因变量为下期实业投资率 $Invest_{i,t+1}$，各列展示的是采用不同估计方法对模型（3-5）进行回归的结果对比。

表3-5 中列（1）考虑了公司个体固定效应 a_i，回归结果显示，Fin-$flow$ 的系数显著为正，然后控制年度虚拟变量和在公司层面进行 Cluster 处

理［见表 3 - 5 列（2）］，进而为获得稳健的标准误，采用 500 次 Bootstrap
进行估计［见表 3 - 5 列（3）］，*Finflow* 的系数都显著为正。表 3 - 5 中列
（4）采用组内去均值的估计方法，即将每家公司在各个年度上的观测值减
去该公司所有年度上的平均值，从而去除个体固定效应 a_i。表 3 - 5 中列
（5）采用"Fama-MacBeth 两步估计法"，先在各个年度上对所有公司执行
OLS 截面回归，得到 T 个分年度系数，然后取 T 次回归系数的平均值作为
总样本的系数估计值。各列回归结果中 *Finstock* 系数都不再显著，反映跨
期中金融资产投资对实业投资的"挤出"不突出，而 *Finflow* 系数显著为
正，同时，*Cash* 作为经营性现金流的存量指标，其系数也显著为正，结果
都支持假设 3 - 1b。

3.4.2.2　动态面板一阶差分模型（3 - 6）的广义矩估计（GMM）

基于传统的宏观经济理论，外来的宏观经济或行业冲击很可能会同时
影响被解释变量 *Invest*，以及核心解释变量 *Finstock* 和 *Finflow*，这会使得后
者与模型扰动项相关即出现内生性。为应对内生性问题，且考虑实业投资
的序列相关性，将 t 期和（t - 1）期的动态面板水平模型（3 - 5）相减，
得到一阶差分模型（3 - 6），以消除固定效应的影响。由于 *Invest* 的滞后项
和固定效应同时存在，采用阿雷拉诺和邦德（Arellano & Bond，1991）提
出的一阶差分广义矩估计方法（FD-GMM），将 *Invest* 的二阶及以上滞后项
作为 *Invest* 的一阶差分项的工具变量，各解释变量的一阶差分项作为自己
的工具变量，这样做的目的是去除个体固定效应和缓解内生性问题给模型
估计造成的偏误，而使核心解释变量 *Finstock* 和 *Finflow* 前的系数更具可信
性。而能够使用滞后项作为工具变量的前提是模型的随机干扰项 $\{\varepsilon_{i,t}\}$ 不
存在序列相关性，因此本书报告了二阶自相关检验的 P 值。另外，因为本
书使用数据属于横截面单位远大于时间跨度的"大 N 小 T"型，最优滞后
阶数的设定是在一阶和二阶滞后项之间进行尝试，并通过自相关和 Sargan
检验得以确定，根据阿雷拉诺和邦德（Arellano & Bond，1991）的建议，
本书首先采用两阶段 GMM 估计给出 Sargan 检验的 P 值进行模型筛选，然
后采用一阶段 GMM 估计结果汇报回归系数并进行显著性推断。

$$\Delta Invest_{i,t} = \rho \Delta Invest_{i,t-1} + \gamma_1 \Delta Finstock_{i,t} + \gamma_2 \Delta Finflow_{i,t}$$

$$+ \sum \Phi \Delta Controls_{i,t} + \Delta \varepsilon_{i,t} \qquad (3-6)$$

GMM 回归结果见表 3－6，并通过过度识别检验来判断模型的工具变量集设定是否合理。考虑各截面单位的异方差，本书在进行一阶段 GMM 估计时都进行了稳健性标准误处理，在进行两采用二阶段估计两阶段 GMM 估计时报告的 Sargan P 值列示在表 3－6 的下栏。

表 3 －6　　　金融化对实业投资率影响的动态面板 GMM 估计结果

变量	(1) 总样本 1	(2) 总样本 2	(3) 融资约束组	(4) 第 25 至第 50 百分位组	(5) 第 50 至第 75 百分位组	(6) 非融资 约束组
$Invest_{i,t-1}$	0. 459 *** (29. 47)	0. 457 *** (29. 57)	0. 475 *** (18. 77)	0. 341 *** (10. 48)	0. 365 *** (12. 23)	0. 423 *** (12. 54)
$Invest_{i,t-2}$	0. 003 (0. 30)	0. 002 (0. 15)		− 0. 036 * (− 1. 88)		− 0. 038 ** (− 2. 06)
$Finstock_{i,t}$	− 0. 040 *** (− 3. 98)	− 0. 039 *** (− 3. 94)	− 0. 041 * (− 1. 68)	− 0. 013 (− 0. 45)	− 0. 009 (− 0. 38)	− 0. 006 (− 0. 28)
$Finstock_{i,t-1}$	0. 025 *** (2. 71)	0. 023 ** (2. 53)				
$Cfo_{i,t}$	0. 051 *** (8. 65)	0. 042 *** (4. 83)	0. 013 (1. 17)	0. 056 *** (3. 40)	0. 021 (1. 33)	0. 050 *** (3. 60)
$Finflow_{i,t}$	0. 014 *** (3. 49)	0. 013 *** (3. 44)	0. 003 (0. 44)	0. 011 * (1. 91)	0. 025 *** (4. 78)	0. 009 * (1. 91)
$Finflow_{i,t-1}$	0. 010 ** (2. 48)	0. 010 ** (2. 40)	0. 008 (1. 47)	0. 007 (1. 16)	0. 009 (1. 38)	0. 008 (1. 58)
$Cash_{i,t}$	− 0. 038 *** (− 5. 98)	− 0. 034 *** (− 5. 44)	− 0. 002 (− 0. 19)	− 0. 044 *** (− 3. 92)	− 0. 045 *** (− 4. 98)	− 0. 034 *** (− 3. 22)
$Cash_{i,t-1}$	0. 096 *** (14. 38)	0. 094 *** (14. 15)	0. 069 *** (7. 42)	0. 088 *** (8. 91)	0. 094 *** (10. 14)	0. 093 *** (10. 43)
$Lev_{i,t}$	0. 006 (0. 85)	0. 006 (0. 93)	− 0. 003 (− 0. 42)	0. 006 (0. 61)	0. 004 (0. 34)	0. 030 ** (2. 52)
$Roe_{i,t}$	0. 017 *** (3. 31)	0. 019 *** (3. 64)	0. 007 (1. 40)	0. 008 (0. 82)	0. 032 *** (2. 59)	0. 023 (1. 60)

续表

变量	（1） 总样本 1	（2） 总样本 2	（3） 融资约束组	（4） 第 25 至第 50 百分位组	（5） 第 50 至第 75 百分位组	（6） 非融资 约束组
$TobinQ_{i,t-1}$	0.001 * （1.83）	0.001 * （1.92）	0.002 *** （3.12）	0.001 （1.05）	0.001 （0.70）	0.001 （0.91）
$Salesgr_{i,t}$	− 0.004 ** （− 2.34）	− 0.004 ** （− 2.10）	0.001 （0.37）	− 0.003 （− 1.21）	− 0.002 （− 0.70）	− 0.004 （− 1.29）
$Statown_{i,t}$	0.005 （1.35）	0.005 （1.40）	0.005 （0.70）	0.011 ** （2.04）	0.004 （0.61）	− 0.000 （− 0.07）
$Volatility_{i,t}$	0.004 （1.02）	0.004 （1.08）	0.009 *** （2.60）	0.006 （1.22）	0.002 （0.31）	− 0.001 （− 0.19）
$loanrate_t$	− 0.006 *** （− 8.00）	− 0.005 *** （− 7.74）	− 0.002 （− 1.55）	− 0.004 *** （− 2.99）	− 0.003 ** （− 2.06）	− 0.006 *** （− 4.14）
$Size_{i,t}$	0.002 （1.28）	0.002 （1.00）	0.003 （1.03）	− 0.003 （− 1.25）	0.007 ** （2.07）	0.001 （0.18）
$M2_t$	0.001 *** （6.82）	0.001 *** （6.65）	0.001 （0.80）	0.001 （1.33）	0.001 （0.83）	0.001 *** （3.45）
$Constant$	− 0.046 （− 1.17）	− 0.036 （− 0.90）	− 0.054 （− 0.96）	0.094 （1.52）	− 0.148 * （− 1.79）	− 0.020 （− 0.21）
时间虚拟变量	是	是	是	是	是	是
N	13 719	13 719	4 515	3 435	3 893	3 256
Sargan（P 值）	0.2399	0.2167	0.1784	0.5555	0.2577	0.9749
二阶自相关 （P 值）	0.7171	0.6621	0.9737	0.5862	0.7432	0.1778

注：括号中为 t 统计量；*、**、*** 分别表示 10%、5% 和 1% 的显著性水平；列（1）将 *Finstock* 设为内生变量，其他各列将 *Finstock* 设为内生变量、*Cfo* 设为前定变量；为了满足 AR（2）无序列自相关的假设，第 25 至第 50 百分位组和第 75 百分位组（非融资约束组）采用因变量的二阶最优滞后阶数，另两组采用因变量的一阶最优滞后阶数。

Invest 的滞后项显著为正，显示上市公司的固定资产或无形资产投资往往期限较长，大多不可撤销，具有年度上的惯性或持续性，表现为相邻两年间投资支出正相关，这个结果并不意外。在控制了实业投资的序列相关性之后，在 GMM 回归模型中，将 *Finstock* 设为内生变量［见表 3 − 6 列（1）］，进一步地，将经营性现金流 *Cfo* 设定为前定变量［见表 3 − 6 列（2）至列（6）］，即影响前期实业投资率 *Invest* 的因素也会影响当期 *Cfo*，

而影响当期和未来期 *Invest* 的因素不会影响当期 *Cfo*]，回归结果显示，在总样本中，*Finstock* 与 *Invest* 显著负相关，*Finflow* 与 *Invest* 显著正相关，支持假设 3 - 1。另外，金融化的流量指标 *Finflow*，即股权性投资、债权性投资收回的本金和取得的股利利息，往往受到投资标的公司经营状况的影响，这些因素并不会对实业投资率 *Invest* 产生直接影响，将 *Finflow* 设为内生变量的所有检验都不通过，验证了这一推断。

虽然在总样本回归中，*Finstock* 与 *Invest* 显著负相关，但是在表 3 - 6 列（3）至列（6）的分组回归中，*Finstock* 仅在融资约束组显著为负，其他各组均不显著，这表示金融化对实业投资的"挤出效应"主要体现在融资约束组，验证了假设 3 - 2a。而与此对应的是，虽然在总样本回归中，*Finflow* 与 *Invest* 显著正相关，但是在分组回归中，*Finflow* 在除融资约束组之外的其他各组显著，这表示金融化对实业投资的"蓄水池效应"更多体现在非融资约束组，验证了假设 3 - 2b。同时，*Cash* 的滞后项与 *Invest* 显著正相关，与模型（3 - 4）的回归结果一致，再次验证了投资现金流敏感性理论。从投资的资金供给角度，收回金融资产投资和取得金融资产收益所获得的现金和经营性现金都能够为实业投资提供内部融资，从而推进实业投资率的增长。

另外，值得注意的是，在分组回归中，广义货币供给量增速 *M2* 与实业投资率的正相关性仅在表 3 - 6 的列（6）显著，这部分地说明了宽松的货币政策仅能灌溉非融资约束公司，而融资约束公司对外融资成本较高，为提高实业投资水平，只能依靠内部融资手段。下一节将进一步分析宽松货币政策的调节效应。

3.4.3　金融化对当期实业投资影响的调节效应分析

本部分讨论金融化对实业投资率的边际效应是否会受到其他因素的影响，这些其他因素包括公司规模、内源性现金流充裕程度和货币政策宽松程度。如果会产生影响，称这些因素为调节变量 *M*（moderator）。由于已有文献观点的争议主要集中于"挤出效应"的发生机制，本书只讨论 *M* 对"挤出"的调节效应，因此 *X* 表示金融化的存量指标。如 *M* 前系数也为负，则说明 M 产生同向调节效应，X 对 Y 的边际效应会随着 M 的增加而增强；反之，如 M 前系数为正，则说明 M 产生逆向调节效应，X 对 Y 的边际效应会随着 M 的增加而减弱。

$$Invest_{i,t} = \lambda_0 + \lambda_1 Finstock_{i,t} + \lambda_2 M_{i,t} + \lambda_3 Finstock_{i,t} \cdot M_{i,t}$$
$$+ \sum \varphi Controls_{i,t} + \varepsilon_{i,t} \qquad (3-7)$$

为了便于解释主效应项 X 前的系数含义，表 3-7 中各交乘项都进行了去均值处理，即 X 和 M 都减去自身的均值再相乘，变量前加上前缀 "$c\_$" 以示区别，即 "$c\_X \cdot c\_M$" 表示 "$(X - \bar{X}) \cdot (M - \bar{M})$"，此时 X 前系数表示当调节变量 M 取均值时 X 对 Y 的边际效应。

表 3-7　　　　　　　金融化边际影响的调节效应分析

变量	（1）	（2）	（3）
$c\_ Finstock_{i,t}$	-0.063 *** (-7.52)	-0.071 *** (-8.49)	-0.068 *** (-8.21)
$c\_ Size_{i,t}$	0.005 *** (3.62)		
$c\_ Finstock_{i,t} \cdot c\_ Size_{i,t}$	0.024 *** (3.63)		
$c\_ Statown_{i,t}$			
$c\_ Finstock_{i,t} \cdot c\_ Statown_{i,t}$			
$c\_ Cash_{i,t}$		-0.030 *** (-6.40)	
$c\_ Finstock_{i,t} \cdot c\_ Cash_{i,t}$		-0.105 ** (-2.08)	
$c\_ M2_t$			0.003 *** (6.32)
$c\_ Finstock_{i,t} \cdot c\_ M2_t$			-0.005 *** (-6.88)
Controls	是	是	是
时间/个体固定效应	是	是	是
N	19 684	19 684	19 684

续表

变量	（1）	（2）	（3）
R^2	0.146	0.145	0.145
$R^2\_$ within	0.146	0.145	0.145

注：括号中为 t 统计量；** 、*** 分别表示 5% 和 1% 的显著性水平；$R^2\_$ within 表示组内判定系数；"$c\_X \cdot c\_M$"代表"$(X - \bar{X}) \cdot (M - \bar{M})$"表示对核心变量 Finstock、调节变量 M 都作去均值处理，然后再构造交乘项，此时主效应项前的系数表示当 M 取均值时，X 对 Y 的边际效应；Controls 包括 Cfo、Roe、Salesgr、Lev、TobinQ 的滞后项、Volatility、Loanrate。

表 3 - 7 中列（1）的调节变量是公司规模 Size，主效应项和交乘项都高度显著，其中主效应项系数等于 - 0.063 < 0，表示当调节变量 Size 取均值时，Finstock 对 Invest 的边际影响，其他各列的主效应项系数都可作类似解释，该结果与一次项模型结论一致，即金融化存量 Finstock 对当期实业投资存在"挤出效应"。交乘项系数等于 0.024 > 0，与主效应项系数符号相反，说明 Size 对主效应产生逆向调节，金融化对实业投资率的"挤出效应"会随着公司规模的增大而减弱，支持假设 3 - 3。如图 3 - 1 所示，横轴表示金融化存量指标，纵轴表示当期实业投资率，在规模更小的公司（Size 取值为均值减一个标准差）中，金融化对当期实业投资率的边际负向影响即"挤出效应"，要强于规模更大的公司（Size 取值为均值加一个标准差）中金融化对当期实业投资率的负向影响。

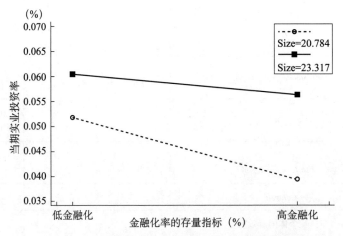

图 3 - 1   公司规模对"挤出效应"的调节作用检验

表 3 - 7 中列（2）的调节变量是内源性现金 Cash，主效应和交乘项都

显著为负，*Cash* 对主效应产生同向调节，金融化对实业投资率的"挤出效应"会随着内源性现金的增加而增强。从投资资金的供给角度看，内源性现金的融资优序高于外部资金，而此回归结果说明，当内源性现金增加时，愈发充裕的内部资金会诱使公司增加对金融资产而非固定资产的投资，且经过平均边际效应分析，在 *Cash* 取均值处，交乘项系数显著为负，支持假设 3 - 4，这一定程度上验证了近年来上市公司的治理目标转向追求股东价值最大化和资本市场运作的现状。如图 3 - 2 所示，横轴表示金融化存量指标，纵轴表示当期实业投资率，持有高内源性现金的公司（*Cash* 取值为均值加一个标准差）中，金融化对当期实业投资率的"挤出效应"强于持有低内源性现金的公司（*Cash* 取值为均值减一个标准差）中金融化对当期实业投资率的"挤出效应"。

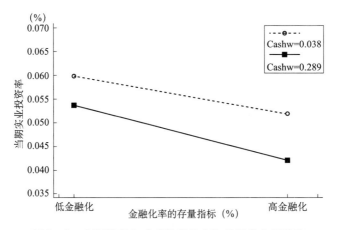

图 3 - 2 内源性现金对"挤出效应"的调节作用检验

表 3 - 7 中列（3）的调节变量是广义货币增速 *M2*，主效应和交乘项都高度显著，表示广义货币供给量增速对主效应产生同向调节，金融化对实业投资率的"挤出效应"会随着 *M2* 的提升而增强。在样本期间，货币政策整体偏宽松，*M2* 最低是 8.1%，最高达到 28.5%，从投资资金的供给角度看，宽松的货币政策意味着公司更容易获得外部融资，这种融资便利性会激励公司增加对金融资产的投资而进一步挤出实业投资，这从一个侧面反映出宽松货币政策难以灌溉实体经济的事实。经过平均边际效应分析，在 *M2* 取均值处，交乘项系数显著为负，验证了假设 3 - 5。

3.5　稳健性检验

为检验上述实证分析结果的稳健性，以及再次验证提出的几点假设，本书进行的稳健性检验包括但不限于以下几个方面。

3.5.1　以 $\Delta Y_{i,t+1}$ 为因变量检验挤出效应的发生条件

在对模型（3－4）和模型（3－6）的估计中，表3－4的列（2）至列（6）以及表3－6的列（1）至列（3）都得出，金融化存量指标 $Finstock$ 与当期实业投资率 $Invest$ 显著负相关，且主要发生在融资约束组，验证了假设3－1a和假设3－2a。与此形成对比的是，在对模型（3－5）的估计中，表3－5中各列的 $Finstock$ 与下期 $Invest$ 均不显著，而金融化流量指标 $Finflow$ 与下期实业投资率 $Invest$ 显著正相关。进一步地，这种"挤出效应"和"蓄水池效应"会持续多久？上市公司是否会因为金融资产的持续盈利而舍弃主业，变成影子金融机构？本书以 $\Delta Y_{i,t+1}$ 作为因变量，在公司和年度层面聚类进行固定效应估计，分别用总样本数据和4个不同股利分配率水平的分组样本进行回归，回归结果见表3－8。

表3－8　　　　　　　　　　　　　　稳健性检验

变量	(1) 总样本1	(2) 总样本2	(3) 融资约束组	(4) 第25至第50 百分位组	(5) 第50至第75 百分位组	(6) 非融资 约束组
$Finstock_{i,t}$	0.050 *** (6.11)	0.050 *** (6.03)	0.009 (0.49)	0.042 ** (2.18)	0.069 *** (3.16)	0.078 *** (4.40)
$Finflow_{i,t}$		0.004 (1.14)	0.007 (0.91)	0.002 (0.23)	0.002 (0.27)	0.006 (1.06)
$Cfo_{i,t}$	0.002 (0.35)	0.003 (0.39)	0.012 (0.96)	−0.012 (−0.65)	−0.003 (−0.19)	0.008 (0.52)
$Cash_{i,t}$	0.074 *** (15.26)	0.075 *** (15.29)	0.060 *** (5.50)	0.089 *** (6.10)	0.067 *** (5.33)	0.084 *** (8.63)

变量	（1） 总样本 1	（2） 总样本 2	（3） 融资约束组	（4） 第 25 至第 50 百分位组	（5） 第 50 至第 75 百分位组	（6） 非融资 约束组
$Lev_{i,t}$	0.004 （1.00）	0.005 （1.13）	0.007 （0.91）	0.001 （0.11）	− 0.016 （− 1.33）	0.002 （0.15）
$Roe_{i,t}$	0.009 * （1.88）	0.009 * （1.86）	0.001 （0.16）	0.027 ** （2.02）	0.042 * （1.76）	− 0.012 （− 0.67）
$TobinQ_{i,t-1}$	0.000 （0.81）	0.000 （0.76）	− 0.001 （− 0.81）	0.002 * （1.69）	− 0.002 （− 1.62）	0.000 （0.56）
$Salesgr_{i,t}$	0.004 *** （2.63）	0.004 *** （2.61）	0.001 （0.21）	0.008 * （1.71）	0.003 （0.62）	0.004 （1.01）
$Statown_{i,t}$	0.003 （0.97）	0.002 （0.95）	0.005 （0.67）	0.006 （0.89）	0.006 （0.90）	0.003 （0.52）
$Volatility_{i,t}$	− 0.003 （− 1.19）	− 0.003 （− 1.19）	0.001 （0.25）	− 0.005 （− 0.89）	− 0.002 （− 0.20）	− 0.001 （− 0.11）
$loanrate_{i,t}$	0.007 *** （4.91）	0.007 *** （4.87）	0.011 *** （3.56）	0.003 （0.80）	0.012 *** （3.15）	0.015 *** （4.23）
$Size_{i,t}$	− 0.004 *** （− 4.32）	− 0.004 *** （− 4.30）	− 0.006 *** （− 3.18）	− 0.004 （− 1.32）	− 0.005 （− 1.50）	− 0.010 *** （− 2.80）
$M2_t$	0.000 （0.22）	0.000 （0.24）	0.001 （1.33）	− 0.001 （− 0.74）	0.001 （0.74）	0.001 （1.28）
$Constant$	0.061 *** （2.71）	0.061 *** （2.66）	0.088 * （1.94）	0.073 （1.09）	0.065 （0.94）	0.142 * （1.92）
时间/个体 固定效应	是	是	是	是	是	是
N	16 585	16 585	4 225	4 211	4 065	4 084
R^2	0.045	0.045	0.033	0.044	0.056	0.079
$R^2\_$ within	0.045	0.045	0.033	0.044	0.056	0.079

注：括号中为 t 统计量；* 、** 、*** 分别表示 10%、5% 和 1% 的显著性水平；$R^2\_$ within 表示组内判定系数；$\Delta Y_{i,t+1} = Y_{i,t+1} - Y_{i,t}$；回归模型采用固定效应，在公司和年度层面聚类。

因变量 $\Delta Y_{i,t+1} = Y_{i,t+1} - Y_{i,t}$ 体现的是下期的实业投资率相较于本期的变化情况，表 3 - 8 的回归结果显示，除列（3）外，其他 5 列 Finstock 与 $\Delta Y_{i,t+1}$ 显著正相关，说明公司当期增加金融资产的持有量将伴随着下期实业投资率的上升，且主要体现在股利分配率在年度 25 百分位以上的非融资约束组。这说明"挤出效应"并不会持续挤出实业投资，大部分公司也并不会舍本逐末变身金融投资公司；相反，如果在金融资产上产生了较高的回报，会激励公司回归主业，提高实业投资水平。而列（3）的 *Finstock* 不显著，说明融资约束公司依然不会出现这种正向激励，这从反面验证了"挤出效应"主要发生在融资约束组的假设。

3.5.2 调整实业投资率和金融化的指标度量

前文的实业投资率 *Invest* 指标是通过构建"固定资产、无形资产和其他长期资产支付的现金"之和度量，并通过总资产标准化。在稳健性检验部分，将 *Invest* 指标的度量方法改换成"固定资产净额的变动"与"在建工程净额的变动"之和，并通过总资产标准化，回归结果显示，并不影响本书的结论。另外，通过金融资产投资收益率 *Roc* 度量金融化，*Roc* = 金融资产投资收益率，等于本期投资收益/（长期股权投资本期期末值 + 持有至到期投资本期期末值 + 交易性金融资产本期期末值 + 可供出售金融资产本期期末值 + 衍生金融资产本期期末值），以 *Roc* 代替 *Finflow* 进行所有回归，结果依然显著且主要结论与前文保持一致。

3.6 本章小结

金融化程度上升和实业投资率下降，是中国目前非金融公司投资结构和趋势的典型特征。但是，实业投资率下降真的是由金融化造成的吗？金融化一定会"挤出"实业投资吗？本书给出了保守性否定的答案。本章主要基于信息不对称理论和融资约束理论，从投资的资金需求和资金供给两个角度构建公司的投融资约束条件，并在新古典经济学追求个体最优的理论框架下，推导了投资决定因素函数，其中包括公司财务因素和宏观经济因素。继而以 2007～2018 年中国 A 股非金融（含非房地产）上市公司的年度数据为样本，实证研究了金融化的存量及流量指标与实业投资率的关系，发现金融化存量会对当期实业投资产生"挤出效应"，且主要发生在融资约束公司；而金融化流量会对下期实业投资产生"蓄水池效应"，且主要发生在非融资约束公司。这一结论在被多种估计方法实证检验后，均被证实。在调节效应分析中，"挤出效应"会随着公司规模的减小而增强，这从一个侧面反映出小规模公司更倾向于追逐短期资本收益的现象和代理成本高企的问题。随着 M2 增速的提升，"挤出效应"增强，这说明宽松的货币政策未能灌溉实业投资，却激励公司进行金融投资，这反映出金融化并非实业投资率下降的直接原因，而很可能是由于货币政策传导机制不畅导致的经济脱实向虚。在稳健性检验中，本书证明了金融化的"挤出效应"并不会持续，公司仍然会回归主业，提升实业投资才是谋求股东价值最大化的终极追求。

本书之所以得出与单纯支持"挤出论"的前期文献差异化的观点，是出于以下几点原因：第一，在指标构造上，本书在金融资产持有比例这个存量指标的基础上，创新性地增加了反映金融化收益及其带来的内源性现金增加的流量指标；第二，在理论框架上，本书不只是从公司投资决策的资金用途即资金需求角度看待两者的此消彼长，而是从投资的资金需求和供给两个角度分析两者的均衡关系；第三，在估计方法上，考虑了实业投资在连续时间上的相关性及各公司在同一年度上的组间异质性，进而采用以解释变量的滞后项作为工具变量的 GMM 方法，以及进行分组回归，这都缓解了内生性问题对估计结果造成的可能偏误。

在政策意义上，为了更好地发挥金融收益对实业投资的"蓄水池效应"，向主业经营和投资提供更充沛的内源性资金，需要企业管理层控制好金融资产配置比例和参与金融市场的时机。规模越小的上市公司"挤出效应"越强，这一定程度上说明了相较于大公司，小公司的投资效率不高，管理层更易犯短视式投资的错误。从货币政策的传导机制和实施效果来看，宽松的货币政策要能够灌溉实业投资，而非仅仅推高金融资产价格，这需要更多精准化、结构性的货币政策手段，而非通过单一的增发货币所能实现。另外，多层次的金融市场可以畅通企业的融资渠道，激励企业将获取成本较低的资金更多投入实业，避免成本较高的资金"放手一搏"式投入金融资产从而带来"挤出效应"。

第4章 企业金融化对投资效率的影响研究

4.1 引言

琼·罗宾逊夫人（Joan Robinson，1952）在她的书中写道"企业引领着金融何去何从"①，阐释了金融是为生产性部门服务的这一角色定位。长期以来，企业的投融资活动都是围绕着生产经营活动进行的，但是近年来，发达资本主义国家以及新兴市场国家中出现的金融化趋势似乎正改变着这一规律。企业实业投资率的下降伴随着金融资产投资率的上升，企业的利润来源和资本积累模式越来越转向"金融驱动型"而非"生产驱动型"。站在企业的角度，投资本质上是一种当期消费和生产的延迟行为，并使得在跨期的资金配置下，企业当期和预期的价值最大化。这种跨期的资金配置会涉及生产经营、融资、投资等在企业内部和金融市场的结构安排，如何优化这种结构安排，来实现价值最大化的目标，即是企业对投资效率的追求。企业力求提高投资效率，又能反过来促进生产技术进步，从全社会的角度优化资金配置效率，促进国民经济的发展。因此，研究企业金融化对实业投资效率的影响及其作用机制，具有较强的理论意义和现实意义。那么，金融化对企业投资效率是正向影响还是负向影响，抑或受到其他因素的调节？

① Joan Robinson. The Rate of Interest, and Other Essays ［M］. London：MacMillan, 1952.

主流文献认为，金融市场的发展会提高企业融资的便利性和企业投资效率（King & Levine，1993），金融市场的发展与企业的资本积累和投资效率之间存在正相关关系。金融市场的健全完善和效率提升被认为能够促进生产率的提升（Beck et al.，2000），对投资所需资源的配置效率有着直接的推动作用（Beck & Levine，2004），并且缓解企业面临的融资约束（Gilchrist & Himmelberg，1995），反过来，企业生产率和投资效率的提升又会推动金融市场的效率和制度建设进度（Merton，1995；Levine，2005）。然而，一些学者提出了相反的观点，如阿雷斯提斯和德米崔德斯（Arestis & Demetriades，1997）认为，许多得出以上观点的研究是基于跨国数据，并未考虑不同经济体之间的制度差异，因而其结论的稳健性存疑。另一些学者指出，金融市场尤其是股票市场的功能被过分夸大了，金融市场的融资功能以及对企业经营和投资效率的推动作用远不及银行部门（Arestis et al.，2001）。在 2007 ~ 2008 年的金融危机之后，越来越多的研究开始反思金融资产的过度衍生和金融体系的失衡发展对企业运行效率和经济增长的危害，在实务界，部分美国企业开展了"去杠杆化"和"去金融化"的运动。一种折中的观点认为，金融资源的扩张和经济增长之间存在着一种"门槛效应"，金融化仅在某个拐点之前对企业效率和经济增长产生推动作用。基于新兴市场国家数据的 2016 年 IMF 政策报告也支持了这一观点，认为"过度金融化"会增加经济和金融体系的波动性，加剧金融危机爆发的隐忧。

目前，主流文献大多从宏观金融化的角度研究企业投资效率的影响因素，而鲜有直接研究微观金融化对投资效率影响的文献。本章研究的边际贡献包括：（1）从微观企业层面，在金融化存量指标的基础上，创新性地增加了反映金融投资收益及其带来的内源性现金的金融化流量指标，研究金融化存量和金融化流量对企业投资效率的影响；（2）基于剩余收益估值框架，构建了度量投资机会的复合指标 V/M，既能反映权益市场价值的信息，又能反映企业营运资产价值的信息；（3）借鉴理查德森（Richardson，2006）构建新增投资支出决定因素模型，采用固定效应估计方法计算拟合值和残差，并从全样本、投资过度组和投资不足组分别检验金融化与非效率投资之间的非线性关系和调节效应。

4. 2 理论分析与研究假设

4. 2. 1 理论依据

现有研究企业投资效率的文献主要从两个角度建立模型：一类是基于融资约束理论和信息不对称理论建立的"投资—现金流敏感性模型"，通过检验自由现金流对企业投资支出的影响程度来度量企业的投资效率，企业的投资支出关于自由现金流越敏感，投资效率越低。基于国内上市公司的实证研究显示，管理层的过度投资倾向往往更明显，且这种过度投资动机一般会随着自由现金流的增加而提高。另一类是基于代理成本理论和托宾 Q 理论建立的"投资水平—投资机会敏感性模型"，企业的投资水平关于投资机会敏感性越低，投资效率越低。当资本增长率低于投资自然增长率时，企业应当缩减投资，当资本增长率高于投资自然增长率时，企业应当扩大投资。

4. 2. 1. 1 基于融资约束理论的研究

早期文献提供了企业存在自由现金流过度投资的证据，从多个角度分析了影响投资现金流敏感性的因素。自由现金流量假说最早由詹森（Jensen, 1986）提出，文中分析了石油企业的资本支出数据，指出企业存在自由现金流过度投资的问题。詹森提出，在企业的融资结构中适度地引入负债，可以利用债务的破产机制、严厉的债务条款以及市场监管来控制管理者利用自由现金流进行投资不足或投资过度的行为。法扎里等（Fazzari et al., 1988）研究了股利支出对投资现金流敏感性的影响，发现面对较大融资约束的企业现金流敏感性较强。王美德（Whited, 1992）研究了债务约束对投资现金流敏感性的影响。布兰查德等（Blanchard et al., 1994）分析了 11 家自由现金流充裕的企业，发现即使投资机会没有发生显著变化，这些企业依然会进行许多无效投资。自阿尔梅达（Almeida, 2004）提出

"现金—现金流敏感性"的概念以来，后续相关研究不再拘泥于研究"投资—现金流敏感性"问题，而是更多地直接衡量企业财务状况特别是融资约束程度对企业投资效率的影响。当面临较严重的融资约束时，企业无法获取足够的现金来支持净现值（NPV）为正的投资项目，这会导致投资不足的问题，即投资效率下降的一个方面。理查德森（Richardson，2006）使用财务框架来度量公司层面的自由现金流与过度投资的关系，发现过度投资集中于高自由现金流水平的公司，这与代理成本理论的预期一致。同时，理查德森创新性地建立了过度投资模型，并提出某种公司治理结构，如积极的股东监督，会缓解现金流敏感型的过度投资。

4.2.1.2　基于代理成本理论的研究

在融资约束理论框架下的研究试图找出不同公司"投资—现金流敏感性"高低的原因，但这些研究都基于一个相同的假设，即公司的目标是追求价值最大化。然而，当经理人和股东的利益不一致时，就会产生"委托—代理"问题，从而使这一假设不成立。詹森（Jensen，1986）认为，当代理问题严重时，经理人会存在强烈的"帝国建造动机"，倾向于过度投资从而降低投资效率。郎咸平等（Lang et al.，1991）认为，经理人的这种帝国建造动机可以通过公司的并购或多元化投资决策来观察，该文以美国上市公司的并购行为为研究对象，提出当投资机会较低而现金流充裕的公司存在并购冲动，这对公司的股价和投资效率都有负向影响。郎咸平等（Lang et al.，1994）认为，"经理人持有足够现金流而过度投资是出于帝国建造动机"仅出现在公司面临的投资机会较少的时候。这一结论也得到了布兰查德等（Blanchard et al.，1994）、霍尔茨埃金等（Holtz-Eakin et al.，1994）的研究支持。

伯川德和穆来纳森（Bertrand & Mullainathan，2003）提出了不同于"帝国建造动机"的解释，在经理人得不到有效激励时将丧失改变公司现状的积极性，从而对一些净现值为负的投资项目放任自流，即表现为"消极过度投资"。布卢姆和范里宁（Bloom & Van Reenen，2007）针对美、德、英等国的问卷调查分析，也支持了这一结论。马尔门迪尔等（Malmendier et al.，2005)、马尔门迪尔和泰特（Malmendier & Tate，2008)、李家涛和唐翌（Li J. & Tang Y.，2010）则从行为金融学的角度，分析了CEO的自负会极大地影响公司投资的风险偏好程度，当内部现金流充裕时倾向于过度投资，而当内部现金流不足又面临外部融资约束时又倾向于过度缩减前期投资，这都会抑制公司投资效率的提升。

近年来，国内学者以中国上市公司为研究对象，对企业投资效率的影响因素进行了多角度的实证分析。魏明海和柳建华（2007）分析了国有企业的现金股利政策与过度投资之间的关系，发现国有企业减少现金股利的行为往往伴随着过度投资。辛清泉等（2007）从中国国有企业薪酬管理的角度，分析了管理层薪酬水平和实业投资之间的关系，实证研究发现，管理层薪酬过高会导致过度投资，这种现象主要出现在规模较大的国有企业和地方国资委控股的企业。杨华军和胡奕明（2007）以 2000～2004 年 A股非金融上市公司为样本，考察了地方政府控制、行政干预与企业投资效率之间的关系，结果发现，地方政府控制和干预力度越大，企业自由现金流过度投资越多。张纯和吕伟（2009）研究了 A 股上市公司信息披露和信息环境对投资效率的影响，发现信息披露质量、分析师跟踪数量与企业投资效率正相关。喻坤等（2014）采取一致性方法（投资对投资机会的反映系数）对企业投资效率进行测度，发现在外部融资依赖度越高的行业，非国有企业投资效率显著低于国有企业，信贷融资约束使非国有企业的投资效率相较于国有企业出现持续下降。

李维安和马超（2014）是国内首篇从企业控股金融机构这一崭新视角，考察其对企业投资效率影响的文献。文中基于代理理论和融资约束理论，检验了在不同公司治理情境下，这种边际影响的变化。该文献以2006～2010 年中国沪深 A 股非金融类上市公司为样本，研究发现，虽然控股金融机构降低了投资不足，但同时增加了投资过度，控股金融机构总体上抑制了企业的投资效率，且在面临融资约束的民营企业或代理问题严重的企业中，该抑制作用更明显。朱松和杨丹（2015）以 2007～2011 年中国沪深 A 股非金融类上市公司为样本，就持有金融机构股份对投资现金流敏感度以及投资效率的影响进行分析，研究发现，企业持有金融机构股份会提高企业的投资现金流敏感度，导致更严重的过度投资行为，降低企业的投资效率，且这种现象在民营企业中表现得更为明显。

4.2.2　研究框架：投资效率的影响因素模型

4.2.2.1　企业投资效率的度量

在投资效率的度量方法上，Tobin's Q 模型和欧拉方程是实证分析中广泛使用的基准模型，两者都是基于新古典经济学中凸性调整成本函数条件下的投资理论。国内广泛引用的文献（Vogt et al.，1994）就是在 Tobin's Q 模型基础上，纳入投资机会和现金流量的交乘项来检验"投资—现金流敏感性"是源于融资约束还是代理问题。如回归系数为正，则说明是公司面临融资约束而表现出投资不足，反之，如回归系数为负，则说明公司内源性现金流充裕而面临代理问题。大部分相关国内文献都认为，中国上市公司整体上表现为过度投资，且公司规模、股权性质发挥调节作用。但是，Tobin's Q 模型的合理性是基于资本市场的效率假说，而中国资本市场交易中个人投资者占比过大，噪声交易、非理性行为乃至内幕交易众多。连玉君和程建（2007）认为，以 Tobin's Q 值来代表投资机会不符合中国资本市场弱式有效的客观事实，因而在实证模型中纳入 Tobin's Q 值和现金流的交乘项的沃格特等（Vogt et al.，1994）模型在估计中会出现较大偏差。饶育蕾和汪玉英（2006）认为，中国上市公司的特殊股权结构和定价机制，都会使得 Tobin's Q 值不能真实地反映公司面临的投资机会。

鉴于 Tobin's Q 模型的缺陷，王美德（Whited，1992）、邦德和梅格赫尔（Bond & Meghir，1994）等文献以欧拉方程为基准模型来检验融资约束理论对企业投资效率的解释力；比尔拜和斯特劳布（Bilbiie & Straub，2012）通过欧拉方程检验美国宏观总需求的弹性与企业产出的关系；谢家智等（2014）采用欧拉方程研究了中国制造业金融化与企业的创新投资之间的关系。基于欧拉方程的实证分析研究都需要检验以下一阶条件是否成立：资本的边际成本等于资本的边际产量，而其中边际成本等于当期投资和下期投资的资本边际调整成本之和。欧拉方程的主要优点在于回归中无需控制投资机会，可以避免受市场波动影响的指标干扰企业投资效率的度量精度，也就不会出现 Tobin's Q 模型中的衡量偏误问题。但是，欧拉方程也存在固有的缺陷：其一，上述一阶条件的成立通常需要假设企业的债务融资的边际成本随着财务杠杆的提升而递增，而在股利分配率很低或杠杆率很高的情况下，欧拉方程会出现错误设定，因而通常采用过度识别检验来进行判断（Hansen，1982）；其二，在样本容量太小时，工具变量法或 GMM 法中采用的过度识别检验的检验功效较弱；其三，融资约束理论中认为对投资效率有着重要影响的现金流量指标无法直接进入欧拉方程，部分研究故而将拉格朗日乘子设定为经营性现金流或其他反映内部流动性的财务指标（Whited，1992）。

以比德尔等（Biddle et al.，2009）为代表的文献在实证分析中得到回归模型的"投资—现金流敏感性"系数，近期文献越来越多地采用该系数来度量企业投资效率的高低。如沃格勒（Wurgler，2000）采用资本增长率的高低来检验公司投资水平和资本增长率的敏感性。比德尔等（Biddle et al.，2009）采用销售收入增长率作为公司成长能力的代理指标，其理论依据是投资与产出呈同比例增长，使用销售收入增长率的回归系数来度量公司投资效率的高低。

本书借鉴理查德森（Richardson，2006）的估计方法构建新增投资支出决定因素模型，考虑公司财务因素和宏观经济因素两个方面的影响，来估计企业"合意的"投资水平，并使用该模型得到的残差度量企业的过度投资或投资不足程度，即投资的非效率水平 I_ab。然后建立实证模型，分析金融化的存量指标、流量指标与企业投资的非效率水平 I_ab 之间的关系，研究重点在于金融化便利企业融资渠道的机理，以及这种机理对企业投资效率和企业估值的影响。这将从新的视角拓展企业投资效率理论和融资约束理论，并丰富微观层面金融化的实证研究成果。

4.2.2.2 投资效率的影响因素

自莫迪利安尼和米勒（Modigliani & Miller，1958）提出 MM 理论之后，多数研究公司投资水平和投资效率的文献将企业投资决策与内部财务因素分离，认为投资机会和资金使用成本才是影响投资效率的核心因素。直到 20 世纪 80 年代，融资约束理论和代理成本理论被提出并迅速发展，以法扎里等（Fazzari et al.，1988）为代表的一系列文献，才重新关注"公司财务因素对投资决策和投资效率的影响"这一主题，并认为在公司面临的投资机会不变的情况下，投资支出对现金流量的变动非常敏感，敏感程度越高投资效率越低，而造成投资效率低下的主要原因在于资本市场的不完善。这一主流观点盛行了近十年，在格特勒和吉尔克里斯特（Gertler & Gilchrist，1993）、卡普兰和津加莱（Kaplan & Zingales，1997）以及埃里克森和王美德（Erickson & Whited，2000；2002；2005）等文献对此结论提出疑问后，人们才逐渐意识到，影响投资效率的因素是复杂的，在不完善的资本市场中，除了信息不对称外，代理成本的存在也会使得公司面临融资约束，公司的投资决策不仅取决于投资的资金需求，也会受到内源性资金充裕程度的影响，这与本书第 3 章的理论依据是一致的。此后的文献多将研究重点放在融资约束理论和代理成本理论的融合与识别上来。

　　在关于中国上市公司的研究中，国内学者们从"投资—现金流量敏感性"和"现金—现金流量敏感性"等多个角度展开了对公司投资效率的研究。冯巍（1999）按照股利分配率高低将上市公司划分为融资约束组和非融资约束组，认为融资约束组表现出更高的"投资—现金流敏感性"。郑江淮等（2001）按照公司持有的国有股比例高低分组，认为国有股比例高的公司面临更高的外部融资约束，说明政府干预对公司投资的资金供给有着很大的影响，进而影响投资效率。何金耿和丁加华（2001）采用沃格特等（Vogt et al.，1994）模型，引入投资机会和现金流量的交乘项来分析投资非效率的程度和影响因素，研究表明，中国上市公司整体表现为过度投资。股利分配率低并不一定表明公司面临融资约束，而只是公司保留更多自由现金流的一种途径。随后的研究中，学者们的视角更加开放，如罗琦（2007）对东京证券交易所上市公司的现金持有和投资支出的关系进行实证分析，在模型中加入现金持有的代理变量，杨华军和胡奕明（2007）纳入反映地方政府干预和金融发展水平的代理变量，吴超鹏等（2012）纳入反映金融机构监督优势的代理变量，一致认为，融资约束和代理成本会同时对中国上市公司的投资决策和投资效率产生影响，而不是早期文献中认为的非此即彼。

（1）宏观经济因素和政府政策：宽松的货币政策一定能提升企业投资效率吗？要分析宏观经济环境和政府政策对企业投资效率的影响机制，首先得明确企业所处的金融体系是属于市场导向还是银行导向。市场导向的金融体系以高度的资本流动和高效的资本市场为特征，银行导向的金融体系往往具有更强的政府干预倾向且企业融资主要依赖银行信贷，前者是发达国家经济体量领先全球的必要条件，后者是发展中国家发挥后发优势实现高速增长的前提。赫尔曼等（Hellman et al.，1998）提出的"金融约束"理论认为，政府应该实施合理的金融政策克服市场失灵，为民间部门创造"租金"机会，让企业生产自由竞争市场中可能供给不足的商品和服务，进而帮助银行在发放信贷过程中规避风险。而要保证金融约束对企业投资效率产生正向影响，并防止金融抑制的发生，必须满足一定条件，包括稳定的增长、温和的通胀率、正的实际利率、商业银行自主性较高等。然而，很多国内学者对改革开放之后的中国经济数据进行实证研究后，发现中国金融体系存在明显的金融约束，但对市场效率的提升却不太乐观，资金的配置机制被扭曲，降低了企业的投资效率（周业安，2000；石良平，2003；Ding S. et al.，2013）。沃格勒（Wurgler，2000）认为，更高的金融发展水平可以缓解内部的代理问题和降低外部的信息不对称程度，提升企业的资本配置效率。货币政策冲击通过作用于企业面临的外部信贷融资环境而影响企业投资效率。喻坤等（2014）以贷款真实利率和信贷额增长率的变动作为货币政策宽松程度的代理变量，并采用一致性方法度量企业投资效率，实证研究结果发现，非国有企业相较于国有企业的投资效率更低，而货币政策紧缩会扩大这种投资效率差距，货币政策宽松会缩小这种差距。

中国当前处于多层次资产市场逐步建立、金融体系从银行导向渐进向市场导向发展的新时期，在对企业投资效率的研究中，综合多角度的宏观经济影响进行全面分析显得尤为重要。本书参考霍德里克和普雷斯科特（Hodrick & Prescott，1997）的做法，从广义货币供给量占 GDP 的比重、实际利率、股指增长率几个角度构建宏观影响因素指标。

（2）企业盈余质量。2000 年之后的近一段时期，讨论企业盈余质量和投资效率关系的文献较多。比德尔等（Biddle et al.，2009）对包括美国在内的多国企业数据进行实证分析，检验会计质量和制度因素对企业投资效率的影响，结果发现，财务报告质量和资本投资效率正相关，且市场化程度高的国家这种相关性更明显。麦克尼科尔斯和斯图本（McNichols & Stubben，2008）分析了盈余管理和过度投资之间的关系，发现那些因财务欺诈被 SEC 调查或因信息披露被股东起诉及发生财务重述的公司更有可能过度投资。比德尔等（Biddle et al.，2009）根据企业现金持有水平和负债水平，将企业分为过度投资倾向组和无过度投资倾向组，通过将过度投资倾向变量与财务报告质量的交互项，分析财务报告质量是否减少了自由现金流过度投资问题，进一步检验了财务报告质量和投资效率之间的关系。结果发现，财务报告质量提高既能降低过度投资水平，也能缓解投资不足问题。并且财务报告质量和投资效率的这种传导机制会缓解诸如道德风险和逆向选择之类的市场摩擦。贝蒂等（Beatty et al.，2010）使用 SDC 数据库中债务发行的数据研究盈余质量对投资现金流敏感性的影响，结果发现，高盈余质量降低了投资现金流敏感性，提高了投资效率。古德曼等（Goodman et al.，2013）指出，管理层预测盈余质量和企业投资效率存在正相关关系。本书借鉴德肖和迪切夫（Dechow & Dichev，2002）模型来估计会计盈余质量。

（3）企业金融化的影响：金融化会推升还是降低投资效率？目前鲜有直接研究金融化对企业投资效率的文献，而多是从融资约束或代理成本等角度探讨金融化对微观公司层面投资水平的利弊影响。后凯恩斯主义学派中，法扎里和莫特（Fazzari & Mott，1986）、恩迪库马纳（Ndikumana，1999）就微观金融化对企业投资的影响进行了系统研究。法扎里和莫特（Fazzari & Mott，1986）的实证研究支持了留存收益对企业投资的正向效应以及利息支付对企业投资的负向效应。他们构建了一个既包括流动性指标又包括销售收入指标的模型来比较以上效应，旨在分析对企业投资产生重要影响的三大因素：销售收入（产能利用率的代理变量）、留存收益

（内部融资能力的代理变量）以及利息支出。恩迪库马纳（Ndikumana，1999）在实证模型中同时引入了度量企业负债水平的存量和流量指标，并指出利息支出的存量指标代表了企业的融资策略，而流量指标是独立于内部决策的，反映的是企业外部因素的影响，实证结果显示，两者均与企业投资负相关。模型中的其他解释变量包括现金流—总资产比率、销售收入增长率和 Tobin's Q 值。作者指出，负债率过高不仅会通过利息支出减少企业的现金流，也会冲击投资项目的稳定性，降低投资效率。

然而，法扎里和莫特（Fazzari & Mott，1986）、恩迪库马纳（Ndikumana，1999）的模型中均未考虑金融资产收益变量对企业投资的影响，而金融收益是度量金融化的重要维度。本书在上一章中借鉴奥尔汉加济（Orhangazi，2008）和德米尔（Demir，2009）的做法，构建了金融化流量指标 Finflow，反映的就是中国上市公司金融收益的维度，等于企业收回投资获得的现金与取得投资收益获得的现金之和，并通过总资产标准化。奥尔汉加济（Orhangazi，2008）的实证模型中同时纳入了金融收益和金融支付变量，以及负债水平变量，并发现金融支付和长期负债与企业资本积累之间存在显著的负相关关系。德米尔（Demir，2009）采用的是投资组合选择模型，解释变量包括金融资产相对于固定资产的收益率差异、反映国家特有风险的变量、银行部门的信用评级和真实 GDP 水平等，并指出金融资产收益率的上升是抑制阿根廷、墨西哥和土耳其 NFCs 资本积累的主要因素。

国内研究金融化对企业投资影响的文献中，蔡明荣等（2014）、许罡等（2018）认为，微观金融化问题需要从金融化行为和金融化效果两个层面进行分析：金融化行为指的是金融化会使企业将更多资源要素投向资本运营，而非传统的实体经济领域；金融化效果指的是公司的利润更大比例上来源于金融资产收益，以及金融资产支付（利息、股利和股票回购）占总支出比重逐年递增。

从企业的投资水平和经营发展的角度，金融化兼具积极和消极两种差异化的影响。一方面，金融化会给企业的投资活动带来积极影响，比如金融化可以缓解融资约束，帮助企业更有效地开展投资活动（王红建等，2017；杜勇等，2017）。另一方面，金融化也会给企业的经营和投资活动带来消极影响，比如对美国上市公司的实证研究显示，在股东价值最大化的目标下，更多的资本投机和市场操纵行为带来了公司治理和管理层战略的改变，股东对长期目标的忠诚度下降，而从传统的"留存与再投资"转向"缩小和分派"（Lazonick，2000）。在 2008 年次贷危机发生后，越来越多的学者重新思考经济金融化和企业金融化的影响，并引发了美国制造业企业推动"去杠杆"及"再工业化"。国内的代表性文献也认为，制造业金融化将抑制技术创新能力，降低企业投资效率，加剧资产泡沫化和产业空心化的矛盾，动摇制造业持续发展的根基，而政府控制的调节效应会放大金融化的消极影响（谢家智等，2014），这与 20 世纪后期美国公司的"去工业化"情形一致；金融资产的投资收益与资本市场波动高度相关，如果公司投资金融资产是出于隐藏主营业务负面信息的目的，则公司未来的股价崩盘的风险将上升（彭俞超等，2018）。

本章基于上一章金融化存量对当期实业投资率存在"挤出效应"、金融化流量对下期实业投资率存在"蓄水池效应"的结论，当企业增加对金融资产的投资时，投资资金的供给将减少，管理层进行固定资产投资时将更加谨慎，从而在面临相同投资机会的前提下，减少过度投资的冲动。综上，本章提出以下假设。

假设 4-1：上市公司的适度金融化有助于抑制过度投资，提高企业投资效率。

瑟瑞拉等（Theurillat et al.，2010）提出，企业金融化会因金融资产的高流动性或可撤销性，有效促进资本市场的资金流动效率，使企业在面临好的投资契机或项目时，通过金融资产的快速变现以缓解实业投资的资金来源压力，缩减非效率投资额，提高企业投资效率。这种金融化对投资效率的促进作用与金融化对当期实业投资的"挤出效应"并不相同。本书将在线性回归模型中分别加入 *Finstock* 和 *Finflow* 的二次项，检验金融化与非效率投资额的 U 形关系，如二次项系数显著且拐点出现在自变量的定义域内，则可验证这种非线性影响的存在。因此，进一步提出以下假设。

假设 4-2：上市公司的适度金融化将优化实业投资效率，而过度金融化会抑制实业投资效率的提升，即金融化与企业非效率投资之间存在 U 形关系。

基于上一章对假设 3－1b 的验证，当企业面临的外部融资约束程度较轻，或金融资产收益积累到一定程度从而使内部资金充沛时，企业会增加实业投资支出，金融化流量 *Finflow* 将扮演"蓄水池"的角色。而此时，管理层在企业获取适度金融化资产收益时，这些内部资金将和经营性现金流扮演的角色一样，提升企业的内部融资能力与投资的抗风险能力，一定程度上将提升企业的投资效率。但鉴于普遍存在的边际效应递减规律，这种金融化流量对投资效率的边际促进效应将逐渐减少，直至发生逆转，即过度的金融资产收益会使管理层的投资更盲目，总体上降低投资效率，因为充裕的内部融资资金会增加管理层过度投资的冲动，故本章提出以下假设。

假设 4－3：金融化流量与企业非效率投资额之间的 U 形关系主要发生在过度投资组。

（4）调节因素的影响：公司治理因素的调节效应分析。在现代公司治理结构中，股东追求企业价值最大化与管理层追求个人利益最大化的目标发生了冲突，会产生"委托—代理"问题，企业规模越大，两权分离越严重，代理成本也就越高。"帝国建造"假说认为，大企业中的管理者相较于在小企业中拥有更多资源配置权，增加投资便于掌控这种权力和获得更多晋升机会，因而他们倾向于为建造个人"商业帝国"而过度投资（Stulz，1990）。方红星和金玉娜（2013）认为，非效率投资包括意愿性投资和操作性投资，而良好的公司治理对意愿性非效率投资具有抑制作用，合理的内部控制对操作性非效率投资具有抑制作用。谢佩洪和汪春霞（2017）通过对 2010～2015 年 A 股制造业上市公司的实证研究，发现对于成长期的企业，管理层持股、两职兼任和股权结构会显著加重过度投资。王桂花和彭建宇（2019）通过实证分析指出，过高的代理成本会削弱会计稳健性对企业过度投资的抑制作用。综上，在金融化会对非效率投资产生边际影响的条件下，本章提出以下假设。

假设 4－4：代理成本在金融化对企业非效率投资产生的边际影响中发挥同向调节作用。

企业规模是影响企业投资效率的不可忽视的间接因素。小规模企业所面临的不确定性中隐含着企业的成长期权，期权价值都会反映在投资机会中（Alti，2003），而投资机会是决定企业投资效率的重要因素。代理理论一般认为，管理层为谋求更高薪酬待遇或建立企业帝国，往往具有扩张企业规模的冲动，且当内源性资金充裕时，扩张冲动会愈加强烈（Jesen，1986），造成过度投资，企业投资效率下降。另外，大规模企业面临的融资约束程度较轻（Gertler & Gilchrist，1994），且具有更分散的所有权结构，这有利于降低代理成本，提高企业投资效率。因此，在金融化对非效率投资产生边际影响的假设成立的条件下，企业规模的扩张（或横截面单位之间大规模企业相较于小规模企业）会使得单纯由金融化贡献的对非效率支出的边际抑制作用或边际刺激作用减少。综上，本章提出以下假设。

假设 4 - 5：企业规模在金融化对企业非效率投资产生的边际影响中发挥逆向调节作用。

从投资的资金供给角度，公司的内源性现金越充裕，增加投资支出的动力越强。经理人滥用资金进行过度投资的情况更严重（Richardson，2006），针对中国上市公司的研究也大体支持这一观点（辛清泉和林斌，2006；魏明海和柳建华，2007）。被国内学者广泛应用的沃格特等（Vogt et al.，1994）模型就是通过构建内源性现金流与投资机会的交乘项，来判断企业投资是属过度投资还是投资不足，以及投资效率的高低。因此，在金融化对非效率投资产生边际影响的假设成立的条件下，内源性现金（以现金存量度量，代表投资资金供给的充沛程度）的增加会使得单纯由金融化贡献的对非效率支出的边际抑制作用或边际刺激作用减少。综上，提出以下假设。

假设 4 - 6：现金存量在金融化对企业非效率投资产生的边际影响中发挥逆向调节作用。

4.3　研究设计

4.3.1　样本选择与数据处理

由于 2007 年起新会计准则实施，为了统一度量口径，本书研究样本为

2007~2018 年中国 A 股 3 385 家非金融（含非房地产）上市公司的年度数据，原始财务数据来源于 CSMAR 数据库，宏观经济数据来源于国家统计局官网。剔除受到一定行政管制的交通运输与仓储业公司，剔除 ST 类上市公司，为进行滞后项回归分析删除 2017 年及以后 IPO 的公司，最终得到 23 089 个样本观测值。

4.3.2　投资支出决定因素模型的构建

本书参考哈伯德（Hubbard，1998）、理查德森（Richardson，2006）、阿斯克等（Asker et al.，2011）以及李维安和马超（2014）等对企业投资支出水平影响因素的研究，构建模型（4－1），用该模型的回归拟合值度量企业的正常投资支出，即期望投资支出；用残差值度量非效率投资支出，即非期望投资支出。

$$I\_new_{i,t} = \beta_0 + \beta_1 I\_new_{i,t-1} + \beta_2 V/M_{i,t-1} + \beta_3 Lev_{i,t-1} + \beta_4 Cash_{i,t-1}$$
$$+ \beta_5 Roe_{i,t-1} + \beta_6 Return_{i,t-1} + \beta_7 Size_{i,t-1} + \beta_8 Salesgr_{i,t-1}$$
$$+ \sum YearDummy + \sum SicdaDummy + u_i + \varepsilon_{i,t} \qquad (4-1)$$

（1）被解释变量：企业当年新增投资支出 I_new。本章为深入分析企业投资效率，将从两个角度改进 $Invest$ 指标并构建描述企业当年新增投资支出的新指标：第一，来自现金流量表的修正 $Invest$，记作 Adj_Invest；第二，来自资产负债表的固定资产投资新增额。

Adj_Invest 是在上一章定义的实业投资率 $Invest$ 的基础上进行修正，通过现金流量表中"构建固定资产、无形资产和其他长期资产支付的现金"中扣除"处置固定资产、无形资产和其他长期资产收回的现金净额"，再加上"取得子公司及其他营业单位支付的现金净额"，从中扣除"处置子公司及其他营业单位收到的现金净额"得到，反映的是企业当年新增投资的现金净流出，Adj_Invest 将用于回归结果的稳健性检验。

来自资产负债表的固定资产投资新增额 I_new 是本章讨论的重点。由于实业投资率 $Invest$ 这一指标没有考虑研发支出和资产并购等，部分文献如理查德森（Richardson，2006）对此进行了调整，将企业的总投资支出

（I_total）定义为：资本支出与研发支出、资产并购之和，再减去资产出售收入。但中国会计准则未强制要求公司披露研发支出，中国上市公司研发支出的数据不足，因此本书不将其纳入指标计算。企业的总投资支出（I_total）由两个部分构成：①为维持原有资产构成和企业营运资产正常运转而进行的维持性投资 I_old，本书采用资产负债表中 PP&E 的"折旧和摊销"科目作为 I_old 的代理变量；②企业当年对新实业投资项目进行的新增投资支出 I_new，$I\_new = I\_total - I\_old$。

进一步来说，企业当年新增投资支出 I_new 又包括期望投资支出部分和非期望投资支出部分。前者取值 I_e 无论是出于追求股东价值最大化还是企业价值最大化的目标，都应该定义为企业投资于具有正 NPV 项目的投资支出。后者 I_ab 的取值可以是正值或负值，I_ab 取正值，表示当年实际新增投资支出超过了为获取正 NPV 而进行的期望投资支出，超过的部分属于"过度投资"，记作 I_over；I_ab 取负值，表示当年实际新增投资支出不足以实现所有为获取正 NPV 而进行的期望投资支出，差额的部分属于"投资不足"，记作 I_under。"过度投资"或"投资不足"部分都属于非效率投资，以 I_ab 的绝对值表示，|I_ab| 越大则企业投资效率越低，但为了变量符号简洁，后文实证分析部分仍以 I_ab 表示非效率投资支出。

以上几个指标之间的关系可直观地表示为：

$$I\_total - I\_old = I\_new = I\_e + I\_ab \qquad (4-2)$$

$$I\_ab \begin{cases} >0, & \text{过度投资额 } I\_over \\ <0, & \text{投资不足额 } I\_under \end{cases}$$

具体核算上，从资产负债表的角度，实业投资应主要包括资本支出和资产并购出售两部分，前者反映了公司购置新资产的投资需求，后者反映了整合已有资产的投资需求。因此，本书借鉴阿斯克等（Asker et al.，2011）的做法，采用"固定资产净额""在建工程净额"和"工程物资"的本期变动额作为企业当年新增投资支出 I_new 的代理变量，并通过总资产进行标准化。基于资产负债表和现金流量表的投资支出指标将互为补充，前者进行主回归分析，后者用于稳健性检验。

（2）核心解释变量：投资机会。米勒和莫迪利安尼（Miller & Modigliani，1961）首次提出投资机会集（investment opportunity sets）的概念。他们将企业价值分为两个构成部分：企业现有营运资产的账面价值及其产生的盈利，以及未来成长机会带来的价值，而后者也即企业进行预期 NPV 为正值的投资支出所产生的回报。于是，投资机会与企业投资效率乃至企业价值密切相关，此后，公司金融领域相关研究文献必然会考虑投资机会指标的构建及其对投资水平、投资效率和企业价值的影响。

投资机会集的度量方法包括直接法如贴现现金流量法和实物期权法等，以及间接度量法，文献中普遍采用各类代理指标来间接度量投资机会集，常用的指标包括：①Tobin's Q 值，即企业的市场价值与重置成本之比，研究企业投资效率的文献中一般采用流通股市值、非流通股账面值与总负债账面值之和与总资产账面值之比来度量，本书第 3 章也采用这种方法计算 Tobin's Q 值，并将其作为影响实业投资率的控制变量加入回归模型。在第 3 章研究企业金融化对当期实业投资率影响的回归模型中，Tobin's Q 值不显著，而在金融化对下期实业投资率影响的回归模型中，Tobin's Q 值显著。这说明 Tobin's Q 值是个过度前瞻性的指标，且多数企业存在"投资等待"现象，因此当面临的投资机会上升时，下一期的实业投资率会上升。另外，由于中国资本市场缺乏效率以及上市公司大量非流通股权的存在，使得 Tobin's Q 值代表投资机会的合理性存疑，从第 3 章动态面板的 GMM 估计中可看出，Tobin's Q 值的回归系数较小且在分组回归中显著性不稳定。因此，本章将进一步改进企业投资机会的度量指标，并比较前期文献广泛使用的几大投资机会指标的优劣。②账面—市值比（book-to-market ratio of equity，MB），即企业权益的账面价值与市值之比。MB 指标越大，反映企业营运资产与投资项目的期望回报率超过权益资产的预期回报率越多，企业面临的投资机会集越大。该指标由于无须考虑企业负债和重置成本的简便性被广泛采用，但它易受财务杠杆高低的影响而出现衡量误差。③盈利市价比（earnings-to-price ratio，EP），即市盈率的倒数，可以避免企业盈利为零时市盈率指标无意义，所以 EP 指标越低，反映企业面临的投资机会集越大，但它同样无法度量亏损企业面临的投资机会。彭曼（Penman，1996）认为，MB 和 EP 作为度量投资机会的指标，可视为剩余收益估值模型的一种特例。然而，根据拉马克里希南和托马斯（Ramarkrishnan & Thomas，1991）的研究，企业盈利分为三类：一次性的、暂时性的和永久性的。MB 和 EP 指标的缺陷是显而易见的，因为 MB 指标能充分反映投资机会的前提是企业盈利必须是完全暂时性的，而相反地，EP 指标能充分反映投资机会的前提是企业盈利必须是永久性的。事实上，大量实证研究显示，企业盈利常常处于这两种极端中的均值回复过程（Dechow et al.，1999），因而使用这两个指标度量投资机会必然得到随意甚至彼此矛盾的研究结论。

本书借鉴奥尔森（Ohlson，1995）和理查德森（Richardson，2006）的做法，基于剩余收益估值框架，构建一个投资机会的复合指标 V/M，既能反映权益市场价值的信息，又能反映企业营运资产价值的信息：分子 V 代表营运资产的现有价值 V_assets，分母 M 代表权益的总市值 MV。

$$V/M = V\_assets/Market\ Value\ of\ Equity \qquad (4-3)$$

$$V\_assets = (1 - \eta r) \cdot BV + \eta(1 + r) \cdot OE + \eta r \cdot Div \qquad (4-4)$$

其中，BV 代表普通股的账面价值；OE 代表营业利润；Div 代表每年股利分配额；r 代表市场贴现率，等于 12%；$\eta = \rho/(1 + r - \rho)$，代表一个权重系数，$\rho$ 是剩余收益 RI 的自回归系数，根据奥尔森（Ohlson，1995）的测算，企业剩余收益 RI 应服从一阶自回归过程，自回归系数约等于 0.62，则 η 的取值就为 1.29。当选取更低的市场贴现率或更高的 RI 自回归系数（如通过 CAPM 模型估算贴现率并加上预期通胀率补偿）来进行稳健性检验，并不改变投资机会 V/M 系数的符号及其显著性，也对本章几大结论无影响。

从计算公式可看出，V/M 实际上是 BM 指标和 EP 指标的加权线性组合，包含了两者的信息。BM 指标主要捕捉企业营运资产账面价值的信息，如果公司的当期表现好而未来超额收益较低时，BM 将会低估企业的投资机会。典型例子比如 A 股市场上一些百年老字号医药企业，如东阿阿胶和片仔癀等，由于品牌商誉等无形资产价值较高且市值较高，BM 值将较低，而 V/M 值则适中。相反，EP 指标捕捉了企业权益的未来超额收益的信息，如果公司的当期表现不理想但未来成长性可期，典型例子是许多高科技公司如科大讯飞和北方华创等，市盈率较高而 *EP* 较低，然而其 *V/M* 值也处于适中水平。综上，采用 *V/M* 度量企业投资机会更加公允，预期回归系数为负值。

（3）其他控制变量。$I\_new_{i,t-1}$ 是企业上期的投资支出，反映了投资支出在时序上的连续性，预期回归系数为正。*Cash* 是期初现金及现金等价物余额，虽然来源于现金流量表，但属现金的存量指标，代表企业内源性现金的充裕程度，预期上期 *Cash* 水平越高，投资资金的供给越充沛，企业当期投资支出越高，预期回归系数为正。*Lev* 是财务杠杆率，代表资本结构，负债高企，下期投资支出将缩减，预期回归系数为负。*Size* 是公司规模，等于总资产的自然对数，预期回归系数为负，中国上市公司中小规模公司相较于大规模公司投资倾向越大。*Roe* 是净资产收益率，反映的是公司内部经营的盈利能力。*Return* 是企业股票考虑红利再投资的年市场回报率，反映的是企业外部市值管理的盈利能力，回报率提高将会增强企业下期投资的信心，预期回归系数为正。另根据投资加速器模型，销售收入增长率 *Sales_gr* 是影响企业投资支出的重要因素，根据法扎里等（Fazzari et al.，1988）的模型回归结果，预期回归系数为负。$\sum YearDummy$ 是 12 个年度虚拟变量，捕捉时间固定效应。$\sum SicdaDummy$ 是 47 个行业虚拟变量，捕捉行业固定效应，按证监会行业分类 2012 年版，制造业细分到行业大类，其他行业以门类划分，共 47 类。u_i 是个体固定效应，捕捉不可观测的公司特有因素。

4.3.3 变量定义与计算

影响投资效率的公司财务变量包括：经营性现金流量 *Cfo*、现金存量 *Cash*、财务杠杆率 *Lev*、息税前利润 *EBIT*、投资机会 *V/M*、公司股票的年市场回报率 *Return*、销售收入增长率 *Sales_gr*、国有股持有比例 *Statown*、股利分配率 *Div_rate*、公司规模 *Size*，以及在稳健性检验中纳入的新变量：科技创新指标 *Tech*、有形资产比率 *Tang*、会计盈余质量 *WC_e* 和代理成本 *Agcost*。

在稳健性检验部分，新增变量包括以下 4 个。

（1）*Tech* 的构建是借鉴鞠晓生等（2013）的做法，以"企业所拥有的无形资产净额占总资产的比例"作为科技创新能力的代理变量。由于无形资产包括专利权、非专利技术、商标权、著作权、土地使用权等，相较于以"研发支出"作为科技创新的代理变量的做法，*Tech* 能更全面包含企业各种科研创新活动的信息。而且，相较于"研发支出"从原因角度反映研究和开发投入金额，"企业所拥有的无形资产净额占总资产的比例"从结果角度反映了企业各种科研创新活动的成果，与科技创新实力和水平更紧密相关。另外，中国监管部门并未强制要求上市公司披露研发支出，所以"研发支出"科目包含较多缺漏值。

（2）*Tang* 的构建是借鉴王善平和李志军（2011）的做法，以"有形固定资产"和"存货净额"之和代表，并通过总资产标准化，其中，"有形固定资产"是从"固定资产合计数"中扣除"无形资产净额"得到。企业持有的有形资产比例越高，越容易获得银行抵押或担保信贷等外部融资，在目前我国仍偏重间接融资的市场环境下，*Tang* 越高，表示企业的融资约束程度越轻。从公司内部管理者和外部投资者的角度讲，更高的 *Tang* 也有利于降低信息不对称程度。

（3）*WC_e* 的构建借鉴德肖和迪切夫（Dechow & Dichev，2002）的做法，通过 OLS 回归将企业上期、当期和下期的经营性现金流 *Cfo* 作新增营运资本 ΔWC（working capital）的线性拟合，该回归模型的残差值作为会计盈余质量的代理变量。该模型如下：

$$\Delta WC_{i,t} = \alpha_0 + \alpha_1 Cfo_{i,t-1} + \alpha_2 Cfo_{i,t} + \alpha_3 Cfo_{i,t+1} + \varepsilon_{i,t} \qquad (4-5)$$

（4）*Agcost* 的构建借鉴罗炜和朱春艳（2010）的做法，以企业支出的管理费用占营业收入的比例，作为内部管理者代理成本的代理变量。预期管理费用率越高的企业非效率投资也越高。

影响投资效率的宏观经济变量包括：真实贷款利率 *Loanrate*、股票市场年综合回报率 *Rm*、广义货币供给量增长率 *M2*、全社会固定资产投资年增长率 *Agginv*。

本章涉及所有变量的定义和计算方法见表4-1。

表 4-1   主要变量定义与计算方式

变量名称	变量定义与计算
I_new	新增投资支出，等于固定资产净额、在建工程净额和工程物资的本期额减去上期额，并通过总资产标准化
Adj_Invest	实业投资率修正值，等于（购建固定资产无形资产和其他长期资产支付的现金 - 处置固定资产无形资产和其他长期资产收回的现金净额 + 取得子公司及其他营业单位支付的现金净额 - 处置子公司及其他营业单位收到的现金净额）/期初总资产
I_ab	非效率投资额，即非期望投资额，等于企业投资支出影响因素模型回归残差的绝对值
I_under	投资不足额，等于企业投资支出影响因素模型回归残差为负时的残差绝对值，属于分组变量
I_over	投资过度额，等于企业投资支出影响因素模型回归残差为正时的残差取值，属于分组变量
I_e	期望投资额，等于企业投资支出影响因素模型回归的线性拟合值
Finstock	金融化存量指标，等于（交易性金融资产 + 衍生金融资产 + 应收利息净额 + 应收股利净额 + 可供出售金融资产 + 持有至到期投资 + 长期股权投资 + 投资性房地产）/总资产
Finflow	金融化流量指标，等于（收回投资获得的现金 + 取得投资收益获得的现金）/总资产
V/M	投资机会指标，等于（营运资产的现有价值/权益的总市值），其中营运资产的现有价值是普通股账面价值、营业利润和股利分配额的线性组合
Roe	净资产收益率，反映公司盈利能力的相对值指标
EBIT	息税前利润，等于（净利润 + 所得税费用 + 财务费用），反映公司盈利能力的绝对值指标
Cfo	经营活动产生的现金流量净额/总资产
Cash	现金存量指标，等于期初现金及现金等价物余额/总资产
Salesgr	销售收入同比增长率，等于连续两年销售收入的对数值之差
Lev	资产负债率，等于总负债/总资产，作为财务风险的代理变量
Size	公司规模，等于总资产的自然对数
Statown	国有股持有比例，等于国有股持有数/股本总数
Divrate	股利分配率，等于每股现金股利/每股收益额
Tech	科技创新指标，等于（无形资产净额 + 开发支出）/总资产
Tang	有形资产比率，等于（固定资产合计数 - 无形资产净额 + 存货净额）/总资产
WC_e	会计盈余质量，等于"德肖和迪切夫（Dechow & Dichev, 2002）模型"的回归残差值

续表

变量名称	变量定义与计算
Agcost	代理成本，即管理费用率，等于（管理费用/主营业务收入）
Return	公司股票考虑现金红利再投资的综合年市场回报率
Loanrate	贷款真实利率，等于（贷款基准利率 – CPI 的年增长率）
Rm	股票市场年综合回报率，等于考虑现金红利再投资采用流通市值加权平均法
M2	广义货币供给量年增长率
Agginv	全社会固定资产投资的年增长率
Year	12 个年度虚拟变量，捕捉不可观测的时间特有因素
Sicda	行业虚拟变量，按证监会行业分类 2012 年版，制造业细分到行业大类，其他行业以门类划分，共 47 类。在 OLS 回归中加入，FE 模型中剔除
u_i	个体固定效应，捕捉不可观测的公司特有因素

4.3.4　投资支出决定因素模型的变量描述性统计

为避免极端值对回归分析带来的影响，本书用 Winsorize 方法对变量 *I_ new*、*Adj_ Invest*、*V/M*、*Salesgr*、*WC_ e* 进行了双侧各 2.5% 极端值的缩尾处理，对变量 *Lev*、*Cash*、*Return*、*Agcost*、*Tech* 进行了右侧 2.5% 极端值的缩尾处理，使得各变量取值概率在样本期间基本呈现正态分布特征。投资支出决定因素模型涉及变量的描述性统计见表 4 – 2。

表 4 – 2　　　　　投资支出影响因素模型的变量描述性统计

变量	观测值个数	最小值	均值	中位数	最大值	标准差
I_ new	23 089	– 0.059	0.032	0.008	0.266	0.065
V/M	23 089	0.038	0.318	0.297	0.683	0.156
Lev	23 089	0.002	0.423	0.419	0.835	0.207
Cash	23 089	– 0.165	0.175	0.132	0.586	0.138
Size	23 089	17.879	21.944	21.774	28.520	1.273
Roe	22 972	– 0.219	0.078	0.076	0.292	0.094
Return	23 089	– 0.869	0.170	0.000	2.327	0.673
Salesgr	19 827	– 0.581	– 0.009	0.000	0.513	0.224

被解释变量 I_ new 的负值表示企业当期的固定资产净额、在建工程净额和工程物质之和相较于上期有所下降，其中最重要的"固定资产净额"科目为从"固定资产原价"中扣除"累计折旧和固定资产减值准备"之后的净额，即固定资产的账面价值，其值总是大于等于 0，但如果企业当期没有新增固定资产投资，而原有资产账面又在减值，则 I_ new 可能出现负值。销售收入增长率 Sales_ gr 存在 3262 个缺漏值，因缺漏值个数较多，为了避免出现武断的回归结果，未进行零值替换。

4.3.5 投资支出决定因素模型的回归分析

不同于理查德森（Richardson，2006）和李维安（2014）采用混合OLS 回归，本书通过 F 检验分析了不同截面单位之间存在显著的截距差异，即存在不随时间变化的公司个体固定效应，且用混合 OLS 回归得到的 V/M 系数为正，与经济理论不符，故采用固定效应模型估计模型（4 - 1），并获得回归的拟合值和残差项。借鉴靳庆鲁等（2012）和喻坤等（2014）的做法，考虑因变量 I_ new 的一阶自回归效应，并将财务变量的一阶滞后项作为解释变量，减少内生性的影响。表 4 - 3 中列（1）的解释变量中只包含 I_ new$_{i,t-1}$，检验企业投资支出的时序相关性，系数显著为正；列（2）包含所有影响投资支出的解释变量，但未控制时间和行业固定效应，Return 的系数不显著；列（3）包含所有除 V/M 之外的解释变量；列（4）包含所有影响投资支出的解释变量，且控制时间和行业固定效应。从列（1）至列（4），系数的显著性逐渐提升，固定效应模型的组内判定系数也逐渐提高。由于解释变量都进行了滞后处理，且纳入了因变量的滞后项，加之前文所述解释变量的缺失值问题，使得模型（4 - 1）的回归损失了 6414 个观测值，列（2）至列（4）的有效观测值为 16675 个。继而通过列（4）的回归计算模型的拟合值和残差值，前者表示期望投资额 I_ e，后者的绝对值表示企业的非效率投资支出 I_ ab，作为投资效率决定因素模型的因变量。

表 4 - 3 投资支出决定因素模型的回归结果分析

变量	预期符号	（1）	（2）	（3）	（4）
$I\_new_{i,t-1}$	+	0.102 *** (13.22)	0.161 *** (20.50)	0.157 *** (19.39)	0.159 *** (19.68)
$V/M_{i,t-1}$	−		−0.037 *** (−6.39)		−0.037 *** (−5.28)
$Lev_{i,t-1}$	−		−0.057 *** (−9.31)	−0.036 *** (−6.31)	−0.057 *** (−8.21)
$Cash_{i,t-1}$	+		0.073 *** (11.95)	0.065 *** (10.30)	0.069 *** (10.95)
$Roe_{i,t-1}$	+		0.112 *** (16.17)	0.102 *** (14.45)	0.108 *** (15.16)
$Return_{i,t-1}$	+		−0.001 (−1.06)	0.005 *** (4.06)	0.003 ** (2.09)
$Size_{i,t-1}$	−		−0.020 *** (−21.55)	−0.025 *** (−17.36)	−0.022 *** (−15.00)
$Salesgr_{i,t-1}$	−		−0.006 *** (−2.77)	−0.009 *** (−4.19)	−0.009 *** (−3.92)
$Constant$		0.022 * (1.79)	0.490 *** (23.51)	0.519 *** (15.35)	0.489 *** (14.27)
时间虚拟变量		是	否	是	是
行业虚拟变量		是	否	是	是
N		19 832	16 675	16 675	16 675
R^2_within		0.058	0.119	0.125	0.127
F test：$u_i = 0$		1.68	1.84	1.72	1.73
P value		0.000	0.000	0.000	0.000

注：括号中为 t 统计量；*、**、*** 分别表示 10%、5% 和 1% 的显著性水平；R^2_within 表示组内判定系数；Ftest：$u_i = 0$ 表示对不同截面单位之间的截距项是否相等进行 F 检验，对应的 P 值都极小，说明不同截面单位之间的截距项存在明显差异，即存在个体固定效应，适合采用固定效应模型回归；由于解释变量都进行了滞后处理，且纳入了因变量的滞后项，使得损失了 6 414 个观测值，有效观测值为 16 675 个。

4.3.6 投资效率影响因素模型的变量描述性统计

参考前期企业投资效率的相关文献，本章选取了以下影响投资效率的变量，且为避免极端值对回归分析带来的影响，继续用 Winsorize 方法对 *Finstock*、*Finflow*、*Cfo*、*Cash* 几个变量进行了双侧 2.5% 极端值的缩尾处理，对变量 *I_ab*、*Tech* 进行了右侧 2.5% 极端值的缩尾处理，使得各变量取值概率在样本期间基本呈现正态分布特征。主要变量的描述性统计见表 4-4。

表 4-4 投资效率影响因素模型的变量描述性统计

变量	观测值个数	最小值	均值	中位数	最大值	标准差
I_ab	16 675	0.000	0.054	0.042	0.349	0.048
I_under	9 750	0.000	0.046	0.041	0.183	0.031
I_over	6 925	0.000	0.065	0.043	0.349	0.064
Finstock	23 089	0.000	0.059	0.024	0.364	0.085
Finflow	23 089	0.000	0.068	0.002	0.767	0.164
V/M	23 089	0.038	0.318	0.297	0.683	0.156
Cfo	23 089	-0.106	0.045	0.043	0.195	0.066
Cash	23 089	0.017	0.175	0.132	0.586	0.138
Lev	23 089	0.002	0.423	0.419	0.835	0.207
EBIT	23 089	$-1.500e+10$	$7.200e+08$	$1.500e+08$	$2.000e+11$	$4.900e+09$
Return	23 089	-0.869	0.170	0.000	2.327	0.673
Salesgr	19 827	-0.581	-0.009	0.000	0.513	0.224
Statown	23 089	0.000	0.066	0.000	0.971	0.157
Divrate	23 089	0.000	0.293	0.199	107.407	1.086
loanrate	23 089	-0.590	2.763	2.750	6.010	1.279
Volatility	23 024	0.008	0.553	0.502	2.413	0.215
Agcost	23 089	-0.006	0.099	0.083	0.329	0.069
Size	23 089	17.879	21.944	21.774	28.520	1.273
Rm	23 089	-0.626	0.136	-0.014	1.744	0.513
M2	23 089	8.100	13.645	13.340	28.500	4.908
Agginv	23 089	0.692	15.141	14.727	29.955	8.937

因变量非效率投资支出 *I_ab* 的均值是 5.4%，中位数是 4.2%，一方

面，说明相当数量公司的非效率投资支出较低，上市公司一般具有理性投资的动机，另一方面，说明模型（4-1）拟合效果较理想。投资不足额 I_under 和过度投资额 I_over 的均值和中位数也不高。但从最大值来看，即便经过缩尾处理，I_ab 的最高值也达到34.9%，说明部分公司投资效率较低，而过度投资问题似乎比投资不足问题更严重（34.9% > 18.3%）。对于核心解释变量金融化程度 $Finstock$、$Finflow$（存量指标 $Finstock$ 用于主回归分析，流量指标 $Finflow$ 用于稳健性检验），构成分子的各科目为缺失值的，以零值替代，因而 $Finstock$、$Finflow$ 的最小值都为0。$Finstock$ 的中位数是2.4%，最大值是36.4%，说明有许多公司在多个年度上并未持有或持有极少金融资产，但也有部分企业持有金融资产数量过多。而从 $Finflow$ 的分布可以看出，样本均值是6.8%，中位数只有0.2%，但最大值是76.7%，说明金融化程度在各样本公司和不同年度间分布极不平均，部分公司在部分年度上从金融资产上获利寥寥，而部分公司金融资产产生的回报已为其贡献了相当比例的利润。中国上市公司的金融化对投资效率的影响几何？两者之间是单调的线性关系还是非线性关系？有无其他变量在发挥着调节效应的影响？下文的实证分析部分将分别从这三个角度进行回归分析检验。

在控制变量中，反映上市公司现金流状况、持续发展能力和财务风险状况的 Cfo、$Salesgr$ 和 Lev 的数值相差甚大。有的公司处于亏损境地、经营性现金流净流出或销售收入负增长，有的公司经营稳健、盈利和持续发展能力强；有的公司借债保守，有的公司过度负债。这表明本样本覆盖面广，观测值具有一定代表性。作为现金存量指标的 $Cash$，取值都为正值，弥补了 Cfo 取值有正有负的数值突变带来的隐忧，反映公司内源性现金的充裕程度差距很大。因 ROE 属相对指标，分母为净资产，在投资效率模型中为缓解内生性问题，采用绝对指标 $EBIT$ 作为反映盈利能力的指标，因而该指标取值数量级较大，且标准差也很大。为反映资本市场对企业投资效率的影响，本章选取了反映上市公司内部回报率的股票年收益率 $Return$，以及反映公司外部回报的市场综合年回报率 Rm，在样本期间，有6个年度市场回报率 Rm 为负值，另外6个年度 Rm 为正。广义货币供给量增长率 $M2$ 的中位数是13.34%，且样本期间每年都是正增长，表明样本期间的货币政策大体呈宽松态势，且其波动幅度也较大，表明货币政策环境并不稳定。

4.4　实证分析

4.4.1　相关性分析

对总样本进行 Pearson 相关性分析的结果显示（见表 4–5），不论是金融化存量指标 *Finstock* 还是流量指标 *Finflow*，都与非效率投资额 *I_ab* 显著负相关，这说明仅看两者之间线性关系的话，随着金融化程度的提升，企业投资效率会得到提高。

4.4.2　金融化对企业非效率投资线性影响的回归分析

通过以上 Pearson 相关分析筛选出与企业非效率投资 *I_ab* 密切相关的解释变量，结合前期文献，分别构建以下检验 *Finstock* 与 *I_ab* 线性和非线性关系的回归模型：

$$I\_ab_{i,t}(I\_over_{i,t}, I\_under_{i,t}) = \alpha_0 + \alpha_1 Finstock_{i,t}(Finflow_{i,t})$$
$$+ \sum \Phi Controls_{i,t} + \sum YearDummy$$
$$+ \sum SicdaDummy + \varepsilon_{i,t} \qquad (4-6)$$

$I\_ab_{i,t}$（$I\_over_{i,t}$，$I\_under_{i,t}$）表示模型的因变量分别采用投资的非效率支出额 $I\_ab_{i,t}$ 进行全样本回归；采用过度投资额 $I\_over_{i,t}$ 进行过度投资组的分样本回归；以及采用投资不足额 $I\_under_{i,t}$ 进行投资不足组的分样本回归。其中，$I\_ab_{i,t}$ 等于企业投资支出影响因素模型（4–1）回归残差的绝对值；当残差值为正，取其值代表过度投资额 $I\_over_{i,t}$；当残差值为负，取其绝对值代表投资不足额 $I\_under_{i,t}$。$Finstock_{i,t}$（$Finflow_{i,t}$）表示分别以金融化存量指标和流量指标作为核心解释变量，检验金融资产持有和金融资产收益对投资效率是否具有同方向影响。控制变量 *Controls* 包括自由现金流 *Cfo*、现金存量 *Cash*、息税前利润 *EBIT*、财务杠杆率 *Lev*、投资

表 4－5

非效率投资与核心解释变量的 Pearson 相关性分析

变量	Finstock	Finflow	Cash	EBIT	Lev	V/M	Agcost	Return	M2	Agginv
Finstock	1.000									
Finflow	0.123 *** (0.000)	1.000								
Cash	-0.133 *** (0.000)	0.021 *** (0.001)	1.000							
EBIT	0.005 (0.483)	-0.012 * (0.081)	-0.046 *** (0.000)	1.000						
Lev	0.013 ** (0.044)	-0.218 *** (0.000)	-0.468 *** (0.000)	0.059 *** (0.000)	1.000					
V/M	-0.040 *** (0.000)	0.076 *** (0.000)	0.290 *** (0.000)	0.076 *** (0.000)	-0.543 *** (0.000)	1.000				
Agcost	0.109 *** (0.000)	-0.098 *** (0.000)	-0.150 *** (0.000)	-0.089 *** (0.000)	-0.309 *** (0.000)	-0.094 *** (0.000)	1.000			
Return	0.025 *** (0.000)	-0.065 *** (0.000)	-0.015 ** (0.022)	-0.005 (0.468)	0.062 *** (0.000)	-0.307 *** (0.000)	-0.027 *** (0.000)	1.000		
M2	0.004 (0.567)	-0.201 *** (0.000)	0.108 *** (0.000)	-0.017 ** (0.012)	0.092 *** (0.000)	-0.137 *** (0.000)	-0.106 *** (0.000)	0.444 *** (0.000)	1.000	
Agginv	-0.019 *** (0.004)	-0.251 *** (0.000)	0.151 *** (0.000)	-0.017 *** (0.009)	0.081 *** (0.000)	-0.032 *** (0.000)	-0.133 *** (0.000)	0.307 *** (0.000)	0.839 *** (0.000)	1.000
I_ab	-0.047 *** (0.000)	-0.024 *** (0.002)	0.074 *** (0.000)	0.112 *** (0.000)	-0.062 *** (0.000)	-0.021 *** (0.007)	0.023 *** (0.003)	0.038 *** (0.000)	0.071 *** (0.000)	0.089 *** (0.000)

注：括号中为 t 检验的 P 值，*、**、*** 分别表示两变量在 10%、5% 和 1% 的显著性水平上相关；被解释变量列示在最下一行，便于呈现 I_ab 与其他解释变量的相关系数。

机会 V/M、企业股票的年回报率 Return、销售收入增长率 Salesgr[1]、国有股持有比例 Statown、股利分配率 Divrate、贷款真实利率 Loanrate、企业规模 Size、股票市场综合年回报率 Rm；广义货币供给量增长率 M2 和全社会固定资产投资增长率 Agginv；同时，模型中还加入了各年度的时间虚拟变量 $\sum YearDummy$ 和行业虚拟变量 $\sum SicdaDummy$，以控制不可观测的年度特有因素和 47 个行业的差异特征对企业投资效率的影响。

模型（4-6）的回归结果见表 4-6，列（1）结果与 Pearson 相关性分析类似，在仅控制时间和行业特有因素的情况下，金融化存量与非效率投资支出反向变动，回归系数在 1% 的显著性水平下负相关；列（2）在列（1）的基础上加上其他控制变量，金融化存量 Finstock 依然显著负相关；列（3）和列（4）分别是在过度投资组和投资不足组进行的分样本回归，Finstock 的系数在过度投资组显著，在投资不足组不显著，即金融化与企业非效率投资支出之间的负相关关系主要体现在过度投资组，而在全样本的回归中这种负相关关系也体现出来，验证了假设 4-1，即上市公司的适度金融化有助于抑制过度投资；列（5）以非效率投资额的超前项 $F.\,I\_ab_{i,t+1}$ 作为因变量，金融化流量 Finflow 作核心解释变量回归，Finflow 的回归系数显著为负，这再次验证了金融化流量指标对下期实业投资存在"蓄水池效应"的时间滞后特性。

表 4-6　　　　金融化与非效率投资额的线性关系回归结果分析

因变量	(1) $I\_ab_{i,t}$	(2) $I\_ab_{i,t}$	(3) $I\_over_{i,t}$	(4) $I\_under_{i,t}$	(5) $F.\,I\_ab_{i,t+1}$
$Finstock_{i,t}$	-0.026 *** (-6.08)	-0.024 *** (-5.72)	-0.042 *** (-4.01)	0.003 (1.03)	
$Finflow_{i,t}$					-0.005 * (-1.74)
$Cfo_{i,t}$		0.026 *** (4.79)	0.052 *** (4.09)	0.032 *** (8.03)	0.028 *** (4.72)

[1]　比德尔等（Biddle et al., 2009）采用销售收入增长率来反映企业的投资机会，本书在构建非效率投资影响因素模型时将销售收入增长率 Salesgr 作为控制变量纳入模型，反映企业成长性的同时，可以一定程度上弥补投资机会变量 V/M 的可能度量偏误。

续表

因变量	(1) $I\_ab_{i,t}$	(2) $I\_ab_{i,t}$	(3) $I\_over_{i,t}$	(4) $I\_under_{i,t}$	(5) $F.I\_ab_{i,t+1}$
$Cash_{i,t}$		0.019 *** (5.99)	-0.008 (-0.92)	0.035 *** (16.21)	0.019 *** (5.44)
$EBIT_{i,t}$		0.000 *** (15.02)	0.000 *** (6.96)	0.000 *** (4.51)	0.000 *** (13.73)
$Lev_{i,t}$		-0.032 *** (-10.78)	-0.014 * (-1.90)	-0.036 *** (-16.89)	-0.023 *** (-6.89)
$V/M_{i,t}$		-0.043 *** (-12.20)	-0.034 *** (-3.87)	-0.036 *** (-14.07)	-0.030 *** (-7.57)
$Return_{i,t}$		0.003 *** (3.20)	0.006 *** (3.32)	0.002 *** (3.21)	-0.000 (-0.22)
$Salesgr_{i,t}$		-0.007 *** (-4.80)	-0.014 *** (-3.84)	-0.008 *** (-7.19)	0.000 (0.09)
$Statown_{i,t}$		0.006 ** (2.49)	0.010 * (1.95)	0.001 (0.67)	0.003 (1.21)
$Divrate_{i,t}$		0.001 *** (3.21)	0.001 ** (2.10)	0.000 (0.95)	-0.000 (-0.81)
$loanrate_{i,t}$		0.038 (1.54)	0.047 (0.86)	0.017 (0.92)	-0.001 (-1.53)
$Size_{i,t}$		-0.001 * (-1.81)	0.001 (1.21)	-0.017 *** (-40.97)	-0.001 *** (-2.92)
$Rm_{i,t}$		-0.128 (-1.64)	-0.159 (-0.91)	-0.056 (-0.98)	0.005 * (1.85)
$M2_t$		-0.008 * (-1.88)	-0.009 (-0.90)	-0.005 (-1.42)	-0.000 (-0.25)
$Agginv_t$		0.006 * (1.89)	0.008 (1.00)	0.003 (1.15)	0.001 *** (4.86)
$Constant$	0.059 *** (21.29)	0.024 (0.54)	-0.035 (-0.35)	0.377 *** (11.18)	0.082 (7.00)
时间虚拟变量	是	是	是	是	是
行业虚拟变量	是	是	是	是	是
N	16 675	16 675	6 925	9 750	13 791

续表

因变量	（1） $I\_ab_{i,t}$	（2） $I\_ab_{i,t}$	（3） $I\_over_{i,t}$	（4） $I\_under_{i,t}$	（5） $F.I\_ab_{i,t+1}$
R^2	0.050	0.087	0.080	0.409	0.077
Adj_ R^2	0.046	0.084	0.071	0.405	0.073
F 值	15.47	24.07	9.19	103.00	17.68
P 值	0.000	0.000	0.000	0.000	0.000

注：括号中为 t 统计量；*、**、*** 分别表示 10%、5% 和 1% 的显著性水平；Adj_ R^2 表示调整后的判定系数；"一次项"指的是核心解释变量金融化存量指标 Finstock 或金融化流量指标 Finflow 的一次项，表 4-6 是在线性回归模型的前提下检验一次项系数是否显著；列（5）的因变量是 $F.I\_ab_{i,t+1}$，代表非效率投资额的超前项。

4.4.3 金融化对企业非效率投资非线性影响的回归分析

进一步地，金融化对投资效率的这种提升作用是一直存在的，还是具有一定范围，或存在某个拐点，在拐点之前，适度金融化有助于提升投资效率，而在拐点之后抑制投资效率的提升？因此，在模型（4-6）中加入金融化存量或流量指标的二次项，构建用以检验两者之间 U 形关系是否存在的模型（4-7）：

$$I\_ab_{i,t}(I\_over_{i,t}, I\_under_{i,t}) = \gamma_0 + \gamma_1 Finstock_{i,t}(Finflow_{i,t})$$
$$+ \gamma_2 Finstock^2{}_{i,t}(Finflow^2{}_{i,t})$$
$$+ \sum \Phi Controls_{i,t} + \sum YearDummy$$
$$+ \sum SicdaDummy + \varepsilon_{i,t} \qquad (4-7)$$

模型（4-7）的回归结果见表 4-7，列（1）和列（2）分别是未加入和加入传统控制变量的回归结果，金融化存量 Finstock 的一次项与非效率投资额 I_ab 显著负相关，而二次项显著正相关，验证了假设 4-2，即金融化存量与非效率投资额之间存在 U 形关系；列（3）继续加入 4 个新的控制变量，来反映主流文献指出的企业投资效率不可忽视之影响因素：反映企业研发投入产出水平的科技创新指标 Tech、反映信息不对称程度的有形资产比率 Tang、会计盈余质量 WC_ e 和反映代理成本的管理费用率 Agcost，回归结果依然稳健且判定系数提高，支持假设 4-2；列（4）和列

（5）分别是未加入和加入传统控制变量的回归结果，金融化流量 *Finflow* 的一次项与非效率投资额 *I_ ab* 显著负相关，而二次项在 1% 的显著性水平下正相关，再次验证了假设 4 - 2，即金融化流量与非效率投资额之间也存在 U 形关系，加入 4 个新控制变量后二次项依然在 10% 的显著性水平下负相关（未列示）；列（6）和列（7）分别是在过度投资组和投资不足组的分样本回归，在过度投资组 *Finflow* 的一次项显著负相关，二次项显著正相关，而在投资不足组两个系数均不显著，这说明金融化流量与非效率投资额的 U 形关系主要体现在过度投资组，支持假设 4 - 3。

表 4 - 7　　　金融化与非效率投资额的非线性关系回归结果分析

因变量	(1) $I\_ab_{i,t}$	(2) $I\_ab_{i,t}$	(3) $I\_ab_{i,t}$	(4) $I\_ab_{i,t}$	(5) $I\_ab_{i,t}$	(6) $I\_over_{i,t}$	(7) $I\_under_{i,t}$
$Finstock_{i,t}$	- 0.050 *** (- 4.10)	- 0.045 *** (- 3.77)	- 0.030 ** (- 2.49)				
$Finstock^2_{i,t}$	0.079 ** (2.09)	0.069 * (1.85)	0.087 ** (2.34)				
$Finflow_{i,t}$				- 0.016 ** (- 2.22)	- 0.022 *** (- 3.06)	- 0.032 * (- 1.80)	0.002 (0.36)
$Finflow^2_{i,t}$				0.028 *** (2.63)	0.028 *** (2.69)	0.047 * (1.77)	- 0.005 (- 0.73)
$Cfo_{i,t}$		0.027 *** (4.84)	0.014 *** (2.60)		0.028 *** (5.11)	0.055 *** (4.34)	0.032 *** (8.03)
$Cash_{i,t}$		0.019 *** (6.04)	0.042 *** (11.47)		0.021 *** (6.76)	- 0.004 (- 0.45)	0.035 *** (16.20)
$EBIT_{i,t}$		0.000 *** (15.04)	0.000 *** (14.94)		0.000 *** (15.08)	0.000 *** (7.07)	0.000 *** (4.50)
$Lev_{i,t}$		- 0.032 *** (- 10.69)	- 0.036 *** (- 11.86)		- 0.031 *** (- 10.30)	- 0.012 (- 1.56)	- 0.036 *** (- 17.11)
$V/M_{i,t}$		- 0.044 *** (- 12.26)	- 0.043 *** (- 12.02)		- 0.043 *** (- 11.96)	- 0.034 *** (- 3.82)	- 0.036 *** (- 14.23)
$Return_{i,t}$		0.003 *** (3.17)	0.004 *** (4.26)		0.003 *** (3.20)	0.006 *** (3.25)	0.002 *** (3.15)

续表

因变量	(1) $I\_ab_{i,t}$	(2) $I\_ab_{i,t}$	(3) $I\_ab_{i,t}$	(4) $I\_ab_{i,t}$	(5) $I\_ab_{i,t}$	(6) $I\_over_{i,t}$	(7) $I\_under_{i,t}$
$Salesgr_{i,t}$		-0.007 *** (-4.77)	-0.008 *** (-5.08)		-0.007 *** (-4.68)	-0.013 *** (-3.75)	-0.008 *** (-7.19)
$Statown_{i,t}$		0.006 ** (2.49)	0.005 ** (2.18)		0.007 *** (2.68)	0.011 ** (2.14)	0.001 (0.63)
$Divrate_{i,t}$		0.001 *** (3.22)	0.001 *** (3.00)		0.001 *** (3.26)	0.001 ** (2.11)	0.000 (0.93)
$loanrate_{i,t}$		0.039 (1.57)	0.032 (1.31)		0.036 (1.45)	0.041 (0.75)	0.018 (0.97)
$Size_{i,t}$		-0.001 * (-1.74)	-0.000 (-1.15)		-0.001 ** (-2.17)	0.001 (0.83)	-0.017 *** (-40.95)
$Rm_{i,t}$		-0.130 * (-1.67)	-0.110 (-1.42)		-0.120 (-1.54)	-0.139 (-0.80)	-0.059 (-1.04)
$M2_t$		-0.009 * (-1.91)	-0.008 * (-1.70)		-0.008 * (-1.78)	-0.008 (-0.78)	-0.005 (-1.47)
$Agginv_t$		0.007 * (1.92)	0.006 (1.64)		0.006 * (1.78)	0.007 (0.88)	0.003 (1.21)
$Tech_{i,t}$			0.007 (1.06)				
$Tang_{i,t}$			0.033 *** (12.12)				
$WC\_e_{i,t}$			-0.016 *** (-5.12)				
$Agcost_{i,t}$			0.003 (0.96)				
$Constant$	0.060 *** (21.38)	0.023 (0.51)	0.014 (0.32)	0.058 *** (20.86)	0.030 (0.66)	-0.020 (-0.21)	0.375 *** (11.13)
时间虚拟变量	是	是	是	是	是	是	是
行业虚拟变量	是	是	是	是	是	是	是
N	16 675	16 675	16 675	16 675	16 675	6 925	9 750
R^2	0.050	0.087	0.098	0.048	0.086	0.078	0.409

因变量	（1） $I\_ab_{i,t}$	（2） $I\_ab_{i,t}$	（3） $I\_ab_{i,t}$	（4） $I\_ab_{i,t}$	（5） $I\_ab_{i,t}$	（6） $I\_over_{i,t}$	（7） $I\_under_{i,t}$
Adj_ R²	0.047	0.084	0.094	0.045	0.082	0.07	0.405
F 值	15.28	23.77	25.38	14.66	23.34	8.84	101.45
P 值	0.000	0.000	0.000	0.000	0.000	0.000	0.000

注：括号中为 t 统计量；*、**、***分别表示系数在 10%、5% 和 1% 的显著性水平下显著；Adj_ R² 表示调整后的判定系数。"一次项"指的是核心解释变量金融化存量指标 Finstock 或金融化流量指标 Finflow 的一次项，"二次项"指的是 Finstock 或 Finflow 的二次项 Finstock² 或 Finflow²。表 4-7 是在非线性回归模型的前提下检验一次项系数和二次项系数是否显著，若二次项系数显著为正，则说明在数学意义上核心解释变量和因变量之间存在 U 形关系；反之，若二次项系数显著为负，则说明在数学意义上核心解释变量和因变量之间存在倒 U 形关系。

进一步地，计算变量 Finstock 和 Finflow 的拐点取值，避免拐点不发生在自变量定义域中的"伪 U 形关系陷阱"，即数学上的 U 形关系在现实中取不到。根据变量描述性统计，为避免离群值影响，缩尾后的 Finstock 最小值为 0，最大值为 0.3637，缩尾后的 Finflow 最小值为 0，最大值为 0.7668。基于二次项函数拐点的计算方法，拐点 $= -\gamma_1/(2 \cdot \gamma_2)$，根据列（2）未加入 4 个新控制变量和列（3）加入 4 个新控制变量的回归系数，计算得出拐点分别等于 0.326 和 0.1709，皆处于 Finstock 定义域之内；而根据列（5）未加入 4 个新控制变量和加入 4 个新控制变量的回归系数（未列示），计算得出拐点分别等于 0.3886 和 0.3105，皆处于 Finflow 定义域之内，说明金融化流量和存量与企业非效率投资额的 U 形关系真实存在。如果观察两个变量原始值的定义域，Finstock 原始值的定义域为（0，1），Finflow 原始值的定义域为（-0.0028，9.3197），考虑到极少数上市公司在有些年度上的金融化程度已达到畸高水平，过度金融化会抑制企业投资效率的结论更具有警示作用。

4.4.4　金融化对企业非效率投资影响的调节效应分析

4.4.4.1　代理成本的调节效应分析

在企业新增投资支出的决定因素模型（4-1）中，以管理费用率 Agcost 作为代理成本或代理问题严重程度的代理变量，Agcost 等于管理费用占主营业务收入的比例。在前期研究企业投资效率影响因素的文献中，主流观点认为，管理费用率越高的企业，管理层越倾向于过度投资（陈运森和谢德仁，2011）。在表4-5的 Pearson 相关性分析中，管理费用率与非效率投资存在显著正相关关系。

在不同管理费用率即代理问题严重程度的条件下，金融化对非效率投资的边际影响将受到影响，为检验这种调节效应的存在，在二次项模型（4-7）中分别纳入金融化存量和流量指标与管理费用率的交乘项，构建回归模型（4-8）：

$$
\begin{aligned}
I\_ab_{i,t}(I\_over_{i,t}, I\_under_{i,t}) = {} & \delta_0 + \delta_1 Finstock_{i,t}(Finflow_{i,t}) \\
& + \delta_2 Finstock^2{}_{i,t}(Finflow^2{}_{i,t}) \\
& + \delta_3 Finstock_{i,t} \cdot Agcost_{i,t}(Finflow_{i,t} \cdot \\
& Agcost_{i,t}) + \sum \Phi Controls_{i,t} \\
& + \sum YearDummy \\
& + \sum SicdaDummy + \varepsilon_{i,t} \qquad (4-8)
\end{aligned}
$$

模型（4-8）的回归结果见表4-8，列（1）至列（3）的核心解释变量是 Finstock 及其与 Agcost 的交乘项，列（4）至列（6）的核心解释变量是 Finflow 及其与 Agcost 的交乘项。研判 Agcost 是否发挥调节效应的关键在于，观察 Finstock 或 Finflow 系数与交乘项系数符号是否相同：如符号相同，则表明随着 Agcost 的增加，Finstock 或 Finflow 对因变量非效率投资额的边际影响会加强，Agcost 发挥着正向调节作用；反之，如符号相反，则表明随着 Agcost 的增加，Finstock 或 Finflow 对因变量的边际影响会减弱，Agcost 发挥着逆向调节作用。只有列（1）和列（2）交乘项的系数显著，表明管理费用率 Agcost 的调节效应主要体现在过度投资组，即与投资不足组相比，更高的代理成本会加剧金融化存量对过度投资的边际影响。但是这种调节效应并不发生在金融化流量对非效率投资的边际影响中。当对 Agcost 采取虚拟变量赋值进行稳健性检验时，Agcost 大于中位数时取1，小于中位数时取0，回归结果依然显示 Finstock 与 Agcost 的交乘项系数在过度投资组显著，支持假设4-4，即代理成本在金融化对非效率投资的边际影响中发挥着正向调节效应。

表4-8 管理费用率对金融化边际影响的调节效应分析

因变量	(1) I_ab	(2) I_over	(3) I_under	(4) I_ab	(5) I_over	(6) I_under
$Finstock_{i,t}$	-0.036 *** (-2.85)	-0.012 (-0.39)	0.006 (0.70)			
$Agcost_{i,t}$	0.014 * (1.82)	0.029 (1.45)	0.004 (0.87)	0.000 (0.03)	0.003 (0.17)	-0.001 (-0.30)
$Finstock_{i,t} \cdot Agcost_{i,t}$	-0.116 ** (-2.30)	-0.390 ** (-2.46)	-0.047 (-1.42)			
$Finstock_{i,t}^2$	0.080 ** (2.13)	0.013 (0.14)	0.008 (0.30)			
$Finflow_{i,t}$				-0.023 *** (-3.07)	-0.025 (-1.30)	-0.001 (-0.11)
$Finflow_{i,t} \cdot Agcost_{i,t}$				0.016 (0.57)	-0.074 (-0.75)	0.023 (1.28)
$Finflow_{i,t}^2$				0.028 *** (2.63)	0.048 * (1.79)	-0.006 (-0.84)
$Cfo_{i,t}$	0.027 *** (4.89)	0.051 *** (4.03)	0.032 *** (8.03)	0.028 *** (5.13)	0.055 *** (4.31)	0.032 *** (8.03)
$Cash_{i,t}$	0.019 *** (5.91)	-0.008 (-0.98)	0.035 *** (16.11)	0.021 *** (6.77)	-0.004 (-0.47)	0.035 *** (16.23)
$EBIT_{i,t}$	0.000 *** (15.01)	0.000 *** (6.95)	0.000 *** (4.50)	0.000 *** (15.07)	0.000 *** (7.07)	0.000 *** (4.52)
$Lev_{i,t}$	-0.032 *** (-10.34)	-0.014 * (-1.87)	-0.036 *** (-16.54)	-0.031 *** (-9.99)	-0.012 (-1.58)	-0.036 *** (-16.67)
$V/M_{i,t}$	-0.043 *** (-11.93)	-0.035 *** (-3.84)	-0.036 *** (-13.81)	-0.042 *** (-11.63)	-0.034 *** (-3.78)	-0.036 *** (-13.88)
$Return_{i,t}$	0.003 *** (3.19)	0.006 *** (3.31)	0.002 *** (3.21)	0.003 *** (3.22)	0.006 *** (3.23)	0.002 *** (3.18)
$Salesgr_{i,t}$	-0.007 *** (-4.64)	-0.014 *** (-3.75)	-0.008 *** (-7.12)	-0.007 *** (-4.61)	-0.013 *** (-3.72)	-0.008 *** (-7.12)

因变量	(1) I_ab	(2) I_over	(3) I_under	(4) I_ab	(5) I_over	(6) I_under
$Statown_{i,t}$	0.006 ** (2.47)	0.010 * (1.93)	0.001 (0.67)	0.007 *** (2.68)	0.011 ** (2.14)	0.001 (0.62)
$Divrate_{i,t}$	0.001 *** (3.21)	0.001 ** (2.09)	0.000 (0.94)	0.001 *** (3.27)	0.001 ** (2.11)	0.000 (0.94)
$loanrate_{i,t}$	−0.000 (−0.20)	−0.001 (−0.24)	−0.000 (−0.34)	−0.000 (−0.16)	−0.001 (−0.26)	−0.000 (−0.32)
$Size_{i,t}$	−0.001 (−1.54)	0.001 (1.27)	−0.017 *** (−40.47)	−0.001 ** (−2.14)	0.001 (0.84)	−0.017 *** (−40.72)
$M2_t$	−0.002 *** (−3.29)	−0.001 (−0.65)	−0.002 *** (−4.13)	−0.002 *** (−3.12)	−0.001 (−0.54)	−0.002 *** (−4.17)
$Agginv_t$	0.002 *** (3.48)	0.002 (1.51)	0.001 ** (2.20)	0.001 *** (3.27)	0.001 (1.37)	0.001 ** (2.22)
Constant	0.090 *** (9.42)	0.047 ** (2.39)	0.406 *** (44.54)	0.094 *** (9.83)	0.054 *** (2.74)	0.407 *** (44.78)
时间虚拟变量	是	是	是	是	是	是
行业虚拟变量	是	是	是	是	是	是
N	16 675	6 925	9 750	16 675	6 925	9 750
R^2	0.088	0.081	0.409	0.086	0.078	0.409
Adj_ R^2	0.084	0.072	0.405	0.0823	0.069	0.405
F 值	23.165	8.874	98.472	22.664	8.582	98.483
P 值	0.000	0.000	0.000	0.000	0.000	0.000

注：括号中为 t 统计量；*、**、*** 分别表示系数在 10%、5% 和 1% 的显著性水平下显著；Adj_ R^2 表示调整的判定系数。"一次项"指的是核心解释变量金融化存量指标 $Finstock$ 或金融化流量指标 $Finflow$ 的一次项，"二次项"指的是 $Finstock$ 或 $Finflow$ 的二次项 $Finstock^2$ 或 $Finflow^2$，"交乘项"指的是 $Finstock$ 或 $Finflow$ 与 $Agcost$ 的交乘项 $Finstock \cdot Agcost$ 或 $Finflow \cdot Agcost$。表 4-8 是在已验证了核心解释变量和因变量存在 U 形关系的前提下，检验该交乘项系数是否显著，若显著，说明 $Agcost$ 存在调节效应。

4.4.4.2 企业规模的调节效应分析

企业规模以总资产的自然对数代表，作为当年新增投资支出的重要影响因素，在理查德森（Richardson，2006）的投资支出决定因素模型中，回归系数显著为正。而在本章的模型（4 – 1）中，回归系数显著为负，且将因变量变换为实业投资率的修正值 *Adj_ Invest* 之后重新回归，发现结果依然稳健，*Size* 的回归系数显著为负。代理理论认为，大规模企业面临的融资约束程度较轻（Gertler & Gilchrist，1994），且具有更分散的所有权结构，这有利于降低代理成本，提高企业投资效率；企业规模的差异会改变单位利润的均摊和每股收益，进而影响资本市场投资者的预期回报率；企业规模的差异还可能会改变内部决策者的投资预期，是"做大资产"还是"做强利润"；无论从对新增投资支出的直接影响，还是这些间接影响，企业规模的差异或变化都可能发挥调节效应，影响金融化程度对投资效率的边际影响。为了检验这种调节效应的存在，在二次项模型（4 – 7）中分别纳入金融化存量和流量指标与企业规模的交乘项，构建回归模型（4 – 9）：

$$
\begin{aligned}
I\_ab_{i,t}(I\_over_{i,t}, I\_under_{i,t}) = {} & \delta_0 + \delta_1 Finstock_{i,t}(Finflow_{i,t}) \\
& + \delta_2 Finstock_{i,t}^2(Finflow_{i,t}^2) \\
& + \delta_3 Finstock_{i,t} \cdot Size_{i,t}(Finflow_{i,t} \cdot Size_{i,t}) \\
& + \sum \Phi Controls_{i,t} + \sum YearDummy \\
& + \sum SicdaDummy + \varepsilon_{i,t} \qquad (4-9)
\end{aligned}
$$

模型（4 – 9）的回归结果见表 4 – 9，列（1）至列（3）的核心解释变量是 *Finstock* 及其与 *Size* 的交乘项，列（4）至列（6）的核心解释变量是 *Finflow* 及其与 *Size* 的交乘项。同理，在模型（4 – 7）中加入了交乘项之后，一次项前的系数意义不大了，因为它表示当二次项不存在且调节变量 *Size* 取 0 值时，*Finstock* 或 *Finflow* 对非效率投资额的边际影响，而前文已经验证了二次项的存在且企业规模 *Size* 不可能取 0 值。研判 *Size* 是否发挥调节效应的关键在于，观察 *Finstock* 或 *Finflow* 系数与交乘项系数符号是否相同：如符号相同，则表明随着 *Size* 的增大，*Finstock* 或 *Finflow* 对因变量非效率投资额的边际影响会加强，*Size* 发挥着正向调节作用；反之，如符号相反，则表明随着 *Size* 的增大，*Finstock* 或 *Finflow* 对因变量的边际影响会减弱，*Size* 发挥着逆向调节作用。

表4-9 企业规模对金融化边际影响的调节效应分析

因变量	(1) $I\_ab_{i,t}$	(2) $I\_over_{i,t}$	(3) $I\_under_{i,t}$	(4) $I\_ab_{i,t}$	(5) $I\_over_{i,t}$	(6) $I\_under_{i,t}$
$Finstock_{i,t}$	0.253 *** (3.29)	0.143 (0.80)	0.169 ** (2.46)			
$Size_{i,t}$	0.000 (0.21)	0.001 (1.54)	-0.016 *** (-35.36)	-0.000 (-0.34)	0.001 (1.30)	-0.016 *** (-38.51)
$Finstock_{i,t} \cdot Size_{i,t}$	-0.014 *** (-3.93)	-0.008 (-1.04)	-0.008 ** (-2.45)			
$Finstock_{i,t}^2$	0.071 * (1.89)	0.001 (0.01)	0.003 (0.12)			
$Finflow_{i,t}$				0.313 *** (6.82)	0.194 * (1.76)	0.128 *** (3.54)
$Finflow_{i,t} \cdot Size_{i,t}$				-0.015 *** (-7.39)	-0.010 ** (-2.08)	-0.006 *** (-3.52)
$Finflow_{i,t}^2$				0.019 * (1.76)	0.041 (1.53)	-0.007 (-1.01)
$Cfo_{i,t}$	0.026 *** (4.73)	0.051 *** (4.05)	0.032 *** (7.96)	0.028 *** (5.18)	0.055 *** (4.31)	0.032 *** (8.08)
$Cash_{i,t}$	0.020 *** (6.15)	-0.008 (-0.89)	0.035 *** (16.24)	0.022 *** (6.82)	-0.004 (-0.44)	0.035 *** (16.24)
$EBIT_{i,t}$	0.000 *** (15.01)	0.000 *** (6.96)	0.000 *** (4.47)	0.000 *** (14.83)	0.000 *** (7.01)	0.000 *** (4.55)
$Lev_{i,t}$	-0.032 *** (-10.66)	-0.014 * (-1.89)	-0.036 *** (-16.91)	-0.030 *** (-9.93)	-0.011 (-1.50)	-0.036 *** (-16.96)
$V/M_{i,t}$	-0.042 *** (-11.79)	-0.033 *** (-3.72)	-0.035 *** (-13.88)	-0.040 *** (-11.34)	-0.033 *** (-3.70)	-0.036 *** (-13.99)
$Return_{i,t}$	0.003 *** (3.29)	0.006 *** (3.35)	0.002 *** (3.23)	0.003 *** (3.52)	0.006 *** (3.34)	0.002 *** (3.22)
$Salesgr_{i,t}$	-0.007 *** (-4.71)	-0.014 *** (-3.81)	-0.008 *** (-7.19)	-0.007 *** (-4.67)	-0.013 *** (-3.72)	-0.008 *** (-7.21)
$Statown_{i,t}$	0.006 ** (2.37)	0.010 * (1.92)	0.001 (0.61)	0.006 ** (2.46)	0.010 ** (2.08)	0.001 (0.53)

续表

因变量	（1） $I\_ab_{i,t}$	（2） $I\_over_{i,t}$	（3） $I\_under_{i,t}$	（4） $I\_ab_{i,t}$	（5） $I\_over_{i,t}$	（6） $I\_under_{i,t}$
$Divrate_{i,t}$	0.001 *** （3.25）	0.001 ** （2.11）	0.000 （0.98）	0.001 *** （3.30）	0.001 ** （2.12）	0.000 （0.94）
$loanrate_{i,t}$	− 0.000 （− 0.19）	− 0.001 （− 0.25）	− 0.000 （− 0.30）	− 0.000 （− 0.24）	− 0.001 （− 0.27）	− 0.000 （− 0.31）
$M2_t$	− 0.002 *** （− 3.22）	− 0.001 （− 0.62）	− 0.002 *** （− 4.11）	− 0.002 *** （− 3.07）	− 0.001 （− 0.56）	− 0.002 *** （− 4.14）
$Agginv_t$	0.002 *** （3.40）	0.001 （1.48）	0.001 ** （2.19）	0.001 *** （3.22）	0.001 （1.38）	0.001 ** （2.23）
$Constant$	0.074 *** （7.23）	0.040 * （1.90）	0.396 *** （39.56）	0.077 *** （8.13）	0.044 ** （2.29）	0.398 *** （42.95）
时间虚拟变量	是	是	是	是	是	是
行业虚拟变量	是	是	是	是	是	是
N	16 675	6 925	9 750	16 675	6 925	9 750
R^2	0.088	0.080	0.409	0.089	0.079	0.410
Adj_ R^2	0.085	0.071	0.405	0.085	0.070	0.406
F 值	23.66	8.93	100.05	23.87	8.77	100.23
P 值	0.000	0.000	0.000	0.000	0.000	0.000

注：括号中为 t 统计量；*、**、*** 分别表示系数在 10%、5% 和 1% 的显著性水平下显著；Adj_ R^2 表示调整后的判定系数。"一次项"指的是核心解释变量金融化存量指标 $Finstock$ 或金融化流量指标 $Finflow$ 的一次项，"二次项"指的是 $Finstock$ 或 $Finflow$ 的二次项 $Finstock^2$ 或 $Finflow^2$，"交乘项"指的是 $Finstock$ 或 $Finflow$ 与 $Size$ 的交乘项 $Finstock \cdot Size$ 或 $Finflow \cdot Size$。表 4 – 9 是在已经验证了的核心解释变量和因变量存在 U 形关系的前提下，检验该交乘项系数是否显著，若显著，说明 $Size$ 存在调节效应。

从表 4 – 9 的列（1）和列（4）可看出，在全样本回归中，$Finstock$ 或 $Finflow$ 的一次项系数显著为正，交乘项系数显著为负，说明整体上 $Size$ 发挥着逆向调节效应，支持假设 4 – 5，当金融资产持有水平的提高或金融资产收益的提高使得企业投资效率降低时，$Size$ 的增大会减弱该边际影响。在分样本回归中，列（3）的一次项和交乘项显著而列（2）不显著，反映了 $Size$ 对 $Finstock$ 关于非效率投资的调节效应可能主要体现在投资不足组。而在列（5）和列（6）中，一次项和交乘项都显著，反映了 $Size$ 对 $Finflow$ 关于非效率投资的逆向调节效应，不论在投资过度组还是投资不足组都存在。

4.4.4.3 企业现金存量的调节效应分析

现金存量指标 *Cash* 以企业期初现金及现金等价物余额表示，在第 3 章中已经验证了 *Cash* 与实业投资率显著正相关，在本章投资支出决定因素模型（4-1）的回归中已经验证了 *Cash* 与新增投资支出额显著正相关，与主流文献结论一致。这正是因为 *Cash* 代表了公司的内源性现金的充裕程度，*Cash* 越高，投资资金的供给就越充沛，会促进投资支出的增加。一方面，内源性现金越充裕，可能表明企业的主营业务盈利或回款能力越强；另一方面，也可能是由于企业短期内尚无正 NPV 的投资项目可供选择，大量相关文献就是根据"投资支出关于现金流的敏感性"来判断企业投资效率的高低。总之，变量 *Cash* 包含的关于投资支出和投资效率的信息很多，有理由相信它的差异或变化会发挥调节效应，影响金融化程度对投资效率的边际影响。为了检验这种调节效应的存在，在二次项模型（4-7）中分别纳入金融化存量与流量指标与现金存量的交乘项，构建回归模型（4-10）：

$$
\begin{aligned}
I\_ab_{i,t}(I\_over_{i,t}, I\_under_{i,t}) =\ & \delta_0 + \delta_1 Finstock_{i,t}(Finflow_{i,t}) \\
& + \delta_2 Finstock^2{}_{i,t}(Finflow^2{}_{i,t}) \\
& + \delta_3 Finstock_{i,t} \cdot Cash_{i,t}(Finflow_{i,t} \cdot \\
& Cash_{i,t}) + \sum \Phi Controls_{i,t} \\
& + \sum YearDummy \\
& + \sum SicdaDummy + \varepsilon_{i,t} \quad (4-10)
\end{aligned}
$$

模型（4-10）的回归结果见表 4-10，列（1）至列（3）的核心解释变量是 *Finstock* 及其与 *Cash* 的交乘项，列（4）至列（6）的核心解释变量是 *Finflow* 及其与 *Cash* 的交乘项。同理，在模型（7）中加入了交乘项之后，一次项前的系数表示当二次项不存在且调节变量 *Cash* 取 0 值时，*Finstock* 或 *Finflow* 对非效率投资额的边际影响，前文已经验证了二次项的存在但 *Cash* 可能取 0 值（*Cash* 的最小值是 0.017，均值是 0.175，最大值 0.584），因而模型（4-10）中的一次项系数是有意义的。研判 *Cash* 是否发挥调节效应的关键仍然在于，观察 *Finstock* 或 *Finflow* 系数与交乘项系数符号是否相同：如符号相同，则表明随着 *Cash* 的提高，*Finstock* 或 *Finflow* 对因变量非效率投资额的边际影响会加强，*Cash* 发挥着正向调节作用；反之，如符号相反，则表明随着 *Cash* 的提高，*Finstock* 或 *Finflow* 对因变量的边际影响会减弱，*Cash* 发挥着逆向调节作用。

表 4 – 10　　　　　　现金存量对金融化边际影响的调节效应分析

因变量	(1) I_ab	(2) I_over	(3) I_under	(4) I_ab	(5) I_over	(6) I_under
$Finstock_{i,t}$	-0.065 *** (-4.66)	-0.061 * (-1.83)	-0.021 ** (-2.07)			
$Cash_{i,t}$	0.015 *** (4.03)	-0.014 (-1.37)	0.030 *** (12.30)	0.018 *** (5.29)	-0.012 (-1.29)	0.033 *** (14.43)
$Finstock_{i,t} \cdot Cash_{i,t}$	0.108 *** (2.77)	0.135 (1.15)	0.111 *** (4.39)			
$Finstock_{i,t}^2$	0.086 ** (2.28)	0.012 (0.14)	0.023 (0.84)			
$Finflow_{i,t}$				-0.031 *** (-3.98)	-0.054 *** (-2.79)	-0.002 (-0.39)
$Finflow_{i,t} \cdot Cash_{i,t}$				0.050 *** (3.04)	0.146 *** (2.73)	0.019 * (1.86)
$Finflow_{i,t}^2$				0.027 *** (2.60)	0.048 * (1.79)	-0.005 (-0.76)
$Cfo_{i,t}$	0.026 *** (4.79)	0.052 *** (4.08)	0.031 *** (7.93)	0.028 *** (5.14)	0.055 *** (4.33)	0.032 *** (8.06)
$EBIT_{i,t}$	0.000 *** (15.06)	0.000 *** (6.96)	0.000 *** (4.65)	0.000 *** (15.06)	0.000 *** (7.03)	0.000 *** (4.55)
$Lev_{i,t}$	-0.032 *** (-10.66)	-0.015 * (-1.92)	-0.036 *** (-16.78)	-0.031 *** (-10.40)	-0.013 * (-1.68)	-0.037 *** (-17.17)
$V/M_{i,t}$	-0.043 *** (-12.12)	-0.034 *** (-3.84)	-0.035 *** (-13.82)	-0.042 *** (-11.81)	-0.034 *** (-3.79)	-0.036 *** (-14.11)
$Return_{i,t}$	0.003 *** (3.23)	0.006 *** (3.31)	0.002 *** (3.32)	0.003 *** (3.27)	0.006 *** (3.27)	0.002 *** (3.19)
$Salesgr_{i,t}$	-0.007 *** (-4.75)	-0.014 *** (-3.82)	-0.008 *** (-7.20)	-0.007 *** (-4.72)	-0.013 *** (-3.77)	-0.008 *** (-7.22)
$Statown_{i,t}$	0.006 ** (2.47)	0.010 * (1.95)	0.001 (0.64)	0.007 *** (2.66)	0.011 ** (2.14)	0.001 (0.60)

续表

因变量	(1) I_ab	(2) I_over	(3) I_under	(4) I_ab	(5) I_over	(6) I_under
$Divrate_{i,t}$	0.001 *** (3.24)	0.001 ** (2.10)	0.000 (1.00)	0.001 *** (3.30)	0.001 ** (2.14)	0.000 (0.96)
$loanrate_{i,t}$	−0.000 (−0.16)	−0.001 (−0.22)	−0.000 (−0.33)	−0.000 (−0.17)	−0.001 (−0.30)	−0.000 (−0.30)
$Size_{i,t}$	−0.001 * (−1.77)	0.001 (1.21)	−0.017 *** (−41.04)	−0.001 ** (−2.18)	0.001 (0.89)	−0.017 *** (−40.98)
$M2_t$	−0.002 *** (−3.27)	−0.001 (−0.64)	−0.002 *** (−4.11)	−0.002 *** (−3.15)	−0.001 (−0.54)	−0.002 *** (−4.20)
$Agginv_t$	0.002 *** (3.47)	0.002 (1.50)	0.001 ** (2.18)	0.001 *** (3.27)	0.001 (1.33)	0.001 ** (2.25)
$Constant$	0.094 *** (10.15)	0.051 *** (2.70)	0.410 *** (45.84)	0.095 *** (10.29)	0.055 *** (2.94)	0.408 *** (45.70)
时间虚拟变量	是	是	是	是	是	是
行业虚拟变量	是	是	是	是	是	是
N	16 675	6 925	9 750	16 675	6 925	9 750
R^2	0.088	0.080	0.410	0.087	0.079	0.409
Adj_R^2	0.084	0.071	0.406	0.083	0.070	0.405
F 值	23.54	8.93	100.39	23.14	8.82	100.01
P 值	0.000	0.000	0.000	0.000	0.000	0.000

注：括号中为 t 统计量；* 、** 、*** 分别表示系数在 10% 、5% 和 1% 的显著性水平下显著；Adj_ R^2 表示调整的判定系数。"一次项"指的是核心解释变量金融化存量指标 *Finstock* 或金融化流量指标 *Finflow* 的一次项，"二次项"指的是 *Finstock* 或 *Finflow* 的二次项 *Finstock²* 或 *Finflow²*，"交乘项"指的是 *Finstock* 或 *Finflow* 与 *Cash* 的交乘项 *Finstock·Cash* 或 *Finflow·Cash*。表 4-10 是在已经验证了核心解释变量和因变量存在 U 形关系的前提下，检验该交乘项系数是否显著，若显著，说明 *Cash* 存在调节效应。

从表 4-10 的列（1）和列（4）可看出，在全样本回归中，*Finstock* 或 *Finflow* 的一次项系数显著为负，二次项显著为正，交乘项系数显著为正，交乘项的加入没有改变一次项和二次项系数的显著性及符号，说明整体上 *Cash* 发挥着逆向调节效应，支持假设 4-6，即当金融资产持有水平或金融资产收益的适度提高使得企业投资效率提高时，*Cash* 的增大会减弱该边际影响；当金融资产持有水平或金融资产收益越过拐点而使得企业投

资效率降低时，*Cash* 的增大也会减弱该边际影响。在分样本回归中，列
（3）和列（5）的一次项和交乘项都显著，且一次项系数显著为负，交乘
项系数显著为正，反映了 *Cash* 对 *Finstock* 关于非效率投资的调节效应主要
体现在投资不足组，而 *Cash* 对 *Finflow* 关于非效率投资的逆向调节效应主
要体现在过度投资组。

4.5　稳健性检验

4.5.1　替换因变量及分组变量

稳健性检验的第一步，采用修正的实业投资率 *Adj_ Invest* 作为因变量，
重新对企业投资支出决定因素模型（4-1）进行回归，用该模型的回归拟
合值度量企业的正常投资支出，即期望投资支出 *I_ e2*；用残差绝对值度量
"非效率投资支出"，即非期望投资支出 *I_ ab2*。另外，如残差值为正，取
残差值作为"过度投资额" *I_ over2*，如残差值为负，取残差值绝对值作
为"投资不足额" *I_ under2*，*I_ over2* 和 *I_ under2* 都是分组变量。然后重
新进行实证分析部分的线性回归、非线性回归和交乘项回归检验，结果分
别见表 4-11 至表 4-15。其中，控制变量 *Controls* 包括 *Cfo*、*Cash*（在检
验 *Cash* 的调节效应时为避免共线性删除）、*EBIT*、*Lev*、*V/M*、*Return*、
Salesgr、*Statown*、*Divrate*、*Loanrate*、*Size*（在检验 *Size* 的调节效应时为避
免共线性删除）、*Rm*、*M2* 和 *Agginv*。

4.5.1.1　金融化与非效率投资额的线性关系检验

表 4-11 的列（1）至列（4）的核心解释变量是 *Finstock*，除列（3）
外，*Finstock* 的系数都显著为负，支持假设 4-1，且适度金融化存量的提
高对企业投资效率的促进作用主要体现在过度投资组，与前文主回归结果
一致，结论稳健；列（4）的核心解释变量是 *Finflow*，而因变量是非效率
投资额的超前项 $F.I_ ab_{i,t+1}$，*Finflow* 的系数显著为负，支持假设 4-1，

且反映了金融化流量对企业投资支出和投资效率影响的时滞性特点。

表4-11   金融化与非效率投资额之间线性关系的稳健性检验

因变量	(1) $I\_ab2_{i,t}$	(2) $I\_ab2_{i,t}$	(3) $I\_under2_{i,t}$	(4) $I\_over2_{i,t}$	(5) $F.I\_ab2_{i,t+1}$
$Finstock_{i,t}$	-0.013 *** (-3.19)	-0.013 *** (-3.22)	0.030 *** (10.11)	-0.053 *** (-5.32)	
$Finflow_{i,t}$					-0.004 * (-1.64)
$Constant$	0.053 *** (19.62)	0.089 ** (2.04)	0.470 *** (13.52)	0.059 (0.65)	0.086 *** (7.61)
$Controls$	否	是	是	是	是
时间虚拟变量	是	是	是	是	是
行业虚拟变量	是	是	是	是	是
N	16 644	16 644	9 488	7 156	13 765
R^2	0.040	0.101	0.454	0.077	0.094
Adj_ R^2	0.037	0.097	0.450	0.069	0.090
F 值	12.47	28.16	120.31	9.14	21.98
P 值	0.000	0.000	0.000	0.000	0.000

注：括号中为 t 统计量；*、**、*** 分别表示系数在 10%、5% 和 1% 的显著性水平下显著；Adj_ R^2 表示调整后的判定系数；第（5）列的因变量是 $F.I\_ab_{i,t+1}$，代表非效率投资额的超前项。

4.5.1.2   金融化与非效率投资额的非线性关系检验

表4-12 的列（1）至列（3）的核心解释变量是 $Finstock$ 及其二次项，不论是否加入控制变量（包括 4 个新增控制变量），一次项系数都显著为负，二次项系数都显著为正，支持假设 4-2；列（4）至列（7）的核心解释变量是 $Finflow$ 及其二次项，在全样本回归中，不论是否加入控制变量（包括 4 个新增控制变量），一次项系数都显著为负，二次项系数都显著为正，支持假设 4-2；在分样本回归中，列（6）过度投资组的二次项系数显著为正，而列（7）不显著，与前文主回归结果一致，即这说明金融化流量与非效率投资额的 U 形关系主要体现在过度投资组，支持假设 4-3，结论稳健。进一步地，分别根据回归系数计算拐点的取值：根据列（2）回归系数计算的拐点等于 0.2069，处于 $Finstock$ 定义域（0，0.3637）内；

根据列（5）回归系数计算的拐点等于 0.3889，处于 *Finflow* 定义域（0，0.7668）内。

表 4 – 12　　金融化与非效率投资额之间非线性关系的稳健性检验

因变量	（1） $I\_ab2_{i,t}$	（2） $I\_ab2_{i,t}$	（3） $I\_ab2_{i,t}$	（4） $I\_ab2_{i,t}$	（5） $I\_ab2_{i,t}$	（6） $I\_over2_{i,t}$	（7） $I\_under2_{i,t}$
$Finstock_{i,t}$	- 0.056 *** (- 4.73)	- 0.048 *** (- 4.13)	- 0.042 *** (- 3.61)				
$Finstock_{i,t}^2$	0.142 *** (3.85)	0.116 *** (3.19)	0.121 *** (3.34)				
$Finflow_{i,t}$				- 0.009 (- 1.34)	- 0.021 *** (- 3.02)	- 0.037 ** (- 2.28)	0.006 (1.15)
$Finflow_{i,t}^2$				0.022 ** (2.14)	0.027 *** (2.66)	0.046 * (1.88)	- 0.007 (- 0.95)
$Tech_{i,t}$			0.024 *** (3.80)			0.051 *** (4.15)	- 0.021 *** (- 3.91)
$Tang_{i,t}$			0.011 *** (4.30)			0.022 *** (4.07)	- 0.019 *** (- 10.28)
$WC\_e_{i,t}$			- 0.015 *** (- 5.11)			- 0.023 *** (- 3.38)	0.010 *** (4.39)
$Agcost_{i,t}$			0.007 *** (2.64)			0.018 *** (2.79)	0.002 (1.20)
Constant	0.055 *** (19.96)	0.087 ** (2.00)	0.079 * (1.82)	0.052 *** (19.43)	0.091 ** (2.10)	0.056 (0.62)	0.479 *** (13.79)
Controls	是	是	是	是	是	是	是
时间虚拟变量	是	是	是	是	是	是	是
行业虚拟变量	是	是	是	是	是	是	是
N	16 644	16 644	16 644	16 644	16 644	7 156	9 488
R^2	0.041	0.101	0.105	0.040	0.101	0.082	0.456
Adj_ R^2	0.038	0.098	0.101	0.037	0.097	0.073	0.452
F 值	12.52	27.91	27.44	12.24	27.72	9.01	112.85
P 值	0.000	0.000	0.000	0.000	0.000	0.000	0.000

　　注：括号中为 t 统计量；＊、＊＊、＊＊＊分别表示系数在 10%、5% 和 1% 的显著性水平下显著；Adj_ R^2 表示调整后的判定系数。

4.5.1.3 调节效应检验

（1）企业管理费用率的调节效应检验。表4－13的列（1）至列（3）的核心解释变量是 Finstock 及其与 Agcost 的交乘项，列（2）中交乘项系数和 Finstock 一次项系数都显著且符号相通，说明 Agcost 在金融化存量对非效率投资的边际影响中发挥着同向调节作用，支持假设4－4，结论稳健。

表4－13　　　　　　　管理费用率调节效应的稳健性检验

因变量	（1） I_ ab	（2） I_ over	（3） I_ under	（4） I_ ab	（5） I_ over	（6） I_ under
$Finstock_{i,t}$	− 0. 049 *** （ − 4. 05）	− 0. 069 *** （ − 2. 60）	0. 025 *** （2. 66）			
$Agcost_{i,t}$	0. 003 （0. 35）	0. 028 *** （4. 07）	− 0. 012 ** （ − 2. 28）	0. 001 （0. 12）	0. 009 （0. 54）	− 0. 006 （ − 1. 38）
$Finstock_{i,t}$ · $Agcost_{i,t}$	0. 019 （0. 38）	− 0. 129 ** （ − 2. 02）	0. 044 （1. 30）			
$Finstock_{i,t}^2$	0. 113 *** （3. 09）	0. 094 （1. 09）	0. 004 （0. 14）			
$Finflow_{i,t}$				− 0. 023 *** （ − 3. 19）	− 0. 038 ** （ − 2. 23）	0. 009 （1. 55）
$Finflow_{i,t}$ · $Agcost_{i,t}$				0. 027 （0. 98）	− 0. 067 （ − 0. 90）	0. 035 * （1. 84）
$Finflow_{i,t}^2$				0. 026 ** （2. 57）	0. 053 ** （2. 20）	− 0. 014 * （ − 1. 87）
Constant	0. 083 *** （9. 04）	0. 024 （1. 36）	0. 423 *** （45. 95）	0. 085 *** （9. 18）	0. 036 ** （1. 98）	0. 415 *** （45. 09）
Controls	是	是	是	是	是	是
时间虚拟变量	是	是	是	是	是	是
行业虚拟变量	是	是	是	是	是	是
N	16 644	7 156	9 488	16 644	7 156	9 488
R^2	0. 101	0. 080	0. 454	0. 101	0. 075	0. 448
Adj_ R^2	0. 078	0. 071	0. 450	0. 097	0. 066	0. 444
F 值	27. 103	9. 015	115. 106	26. 936	8. 439	112. 584
P 值	0. 000	0. 000	0. 000	0. 000	0. 000	0. 000

注：括号中为 t 统计量；*、**、*** 分别表示系数在10%、5%和1%的显著性水平下显著；Adj_ R^2 表示调整后的判定系数。

（2）企业规模的调节效应检验。表 4 - 14 的列（1）至列（3）的核心解释变量是 *Finstock* 及其与 *Size* 的交乘项，交乘项系数都显著为负，*Finstock* 一次项系数都显著为正，说明 *Size* 发挥着逆向调节作用，支持假设 4 - 5；列（4）至列（6）的核心解释变量是 *Finflow* 及其与 *Size* 的交乘项，交乘项系数都显著为负，*Finflow* 一次项系数都显著为正，说明 *Size* 发挥着逆向调节作用，支持假设 4 - 5，结论稳健。

表 4 - 14　　　　　　　企业规模调节效应的稳健性检验

因变量	（1） $I\_ab2_{i,t}$	（2） $I\_over2_{i,t}$	（3） $I\_under2_{i,t}$	（4） $I\_ab2_{i,t}$	（5） $I\_over2_{i,t}$	（6） $I\_under2_{i,t}$
$Finstock_{i,t}$	0.537 *** (7.23)	0.299 * (1.78)	0.361 *** (5.47)			
$Size_{i,t}$	0.002 *** (3.48)	0.004 *** (4.58)	- 0.015 *** (- 32.85)	0.001 (1.63)	0.003 *** (4.03)	- 0.016 *** (- 36.65)
$Finstock_{i,t} \cdot Size_{i,t}$	- 0.027 *** (- 7.97)	- 0.017 ** (- 2.27)	- 0.016 *** (- 5.09)			
$Finstock_{i,t}^2$	0.119 *** (3.29)	0.100 (1.17)	0.017 (0.62)			
$Finflow_{i,t}$				0.338 *** (7.60)	0.218 ** (2.22)	0.109 *** (2.94)
$Finflow_{i,t} \cdot Size_{i,t}$				- 0.016 *** (- 8.17)	- 0.012 *** (- 2.69)	- 0.004 *** (- 2.64)
$Finflow_{i,t}^2$				0.017 (1.64)	0.042 * (1.74)	- 0.014 * (- 1.91)
$Constant$	0.049 *** (4.94)	0.013 (0.64)	0.394 *** (38.96)	0.067 *** (7.32)	0.027 (1.49)	0.406 *** (43.35)
$Controls$	是	是	是	是	是	是
时间虚拟变量	是	是	是	是	是	是
行业虚拟变量	是	是	是	是	是	是
N	16 644	7 156	9 488	16 644	7 156	9 488
R^2	0.105	0.078	0.455	0.104	0.076	0.449

续表

因变量	(1) $I\_ab2_{i,t}$	(2) $I\_over2_{i,t}$	(3) $I\_under2_{i,t}$	(4) $I\_ab2_{i,t}$	(5) $I\_over2_{i,t}$	(6) $I\_under2_{i,t}$
Adj_ R^2	0.101	0.069	0.451	0.101	0.067	0.445
F 值	28.53	8.96	117.40	28.41	8.67	114.36
P 值	0.000	0.000	0.000	0.000	0.000	0.000

注：括号中为 t 统计量；*、**、*** 分别表示系数在 10%、5% 和 1% 的显著性水平下显著；Adj_ R^2 表示调整后的判定系数。

（3）现金存量的调节效应检验。表 4 - 15 的列（1）至列（3）的核心解释变量是 *Finstock* 及其与 *Cash* 的交乘项，除列（2）外，交乘项系数都显著为正，*Finstock* 一次项系数都显著为负，说明 *Cash* 发挥着逆向调节作用且主要发生在投资不足组，支持假设 4 - 6；列（4）至列（6）的核心解释变量是 *Finflow* 及其与 *Cash* 的交乘项，交乘项系数都显著为正，*Finflow* 一次项系数都显著为负，说明 *Cash* 发挥着逆向调节作用且主要发生在投资不足组，支持假设 4 - 6，结论稳健。

表 4 - 15　　　　　　　　　现金存量调节效应的稳健性检验

因变量	(1) $I\_ab2_{i,t}$	(2) $I\_over2_{i,t}$	(3) $I\_under2_{i,t}$	(4) $I\_ab2_{i,t}$	(5) $I\_over2_{i,t}$	(6) $I\_under2_{i,t}$
$Finstock_{i,t}$	- 0.065 *** (- 4.78)	- 0.074 ** (- 2.41)	0.014 (1.33)			
$Cash_{i,t}$	0.022 *** (6.24)	- 0.017 ** (- 1.97)	0.054 *** (21.23)	0.024 *** (7.35)	- 0.016 ** (- 2.02)	0.052 *** (21.91)
$Finstock_{i,t} \cdot$ $Cash_{i,t}$	0.091 ** (2.41)	- 0.020 (- 0.19)	0.069 *** (2.65)			
$Finstock_{i,t}^2$	0.130 *** (3.55)	0.085 (0.97)	0.021 (0.76)			
$Finflow_{i,t}$				- 0.027 *** (- 3.68)	- 0.047 *** (- 2.78)	0.008 (1.44)
$Finflow_{i,t} \cdot$ $Cash_{i,t}$				0.037 ** (2.33)	0.027 (0.66)	0.020 * (1.74)
$Finflow_{i,t}^2$				0.026 *** (2.59)	0.050 ** (2.05)	- 0.012 * (- 1.69)

续表

因变量	(1) $I\_ab2_{i,t}$	(2) $I\_over2_{i,t}$	(3) $I\_under2_{i,t}$	(4) $I\_ab2_{i,t}$	(5) $I\_over2_{i,t}$	(6) $I\_under2_{i,t}$
Constant	0.086 *** (9.58)	0.033 * (1.84)	0.420 *** (46.76)	0.086 *** (9.63)	0.039 ** (2.19)	0.414 *** (45.96)
Controls	是	是	是	是	是	是
时间虚拟变量	是	是	是	是	是	是
行业虚拟变量	是	是	是	是	是	是
N	16 644	7 156	9 488	16 644	7 156	9 488
R^2	0.102	0.077	0.454	0.101	0.075	0.448
Adj_ R^2	0.098	0.069	0.450	0.097	0.066	0.444
F 值	27.59	8.88	116.89	27.40	8.56	114.25
P 值	0.000	0.000	0.000	0.000	0.000	0.000

注：括号中为 t 统计量；*、**、*** 分别表示系数在 10%、5% 和 1% 的显著性水平下显著；Adj_ R^2 表示调整后的判定系数。

4.5.2 增加控制变量

在线性回归、非线性回归和交乘项模型中分别加入 4 个新的控制变量，来反映主流文献指出的企业投资效率不可忽视之影响因素：反映企业研发投入产出水平的科技创新指标 *Tech*、反映信息不对称程度的有形资产比率 *Tang*、会计盈余质量 *WC_e* 和反映代理成本的管理费用率 *Agcost*，回归结果都支持本章假设，结论稳健。

4.5.3 将解释变量进行滞后处理

将核心解释变量 *Finflow* 及其他控制变量进行滞后处理，重新进行回归，*Finflow* 与下期非效率投资额的反向线性关系、U 形关系和三个调节效应关系依然成立，再次验证了金融化流量指标对下期实业投资和投资效率存在"蓄水池效应"的时间滞后特性。

4.5.4 替换核心解释变量

目前国内外相关文献对金融化尤其是微观金融化的定义及其程度的界

定，尚未形成一致的认识与度量方法，因而差异化的研究视角或测度方法极有可能产生不同的研究结论，这也是本书的研究局限性之一。本书采取狭义的金融资产口径，借鉴德米尔（Demir，2009）的统计方法，以来源于资产负债表的科目"交易性金融资产、可供出售金融资产、衍生金融资产、持有至到期投资、长期股权投资、应收利息、应收股利以及投资性房地产"之和度量金融化的存量指标 Finstock。在这些科目中，最特殊的是"投资性房地产"，因为其特性包括投资周期跨度长、流动性远不及其他金融资产、回收期长、信息不对称程度高等，故在稳健性检验部分从 Finstock指标的分子中扣除"投资性房地产"，再通过总资产标准化。以新的金融化存量指标分别代入模型（4-6）至模型（4-10）进行回归，结果显示，在总样本中，新的金融化存量指标的一次项显著为负，二次项显著为正，金融化与非效率投资之间的 U 形关系仍然成立；在三个调节效应检验中，交乘项系数也都至少在分样本回归中显著，说明期望投资额、公司规模、现金存量在金融化对投资效率产生边际影响的过程中，确实发挥着调节效应。综上，剔除"投资性房地产"构建新的金融化存量的替代性分析与原假设一致，结论稳健。

4.5.5　股权性质差异的分样本检验

中国上市公司的股权性质差异对企业的经营和投融资行为都有重要影响，本书借鉴刘银国等（2010）的划分方法，将国有持股比例 Statown 大于10%小于等于20%的企业称为国有参股；将 Statown 大于20%小于等于50%的企业称为国有相对控股；将 Statown 大于50%的企业称为国有绝对控股。依据连续变量 Statown 的高低进行划分，对检验金融化与非效率投资额的非线性关系的模型（4-7）进行分组回归，发现在国有持股比例 Statown 小于15%的分样本中，金融化存量 Finstock 的一次项显著为负，二次项显著为正，金融化与非效率投资额的 U 形关系存在，支持假设4-2；而在 Statown 大于15%的各分样本中，Finstock 的二次项不再显著。在国有持股比例 Statown 小于20%的分样本中，金融化流量 Finflow 的一次项显著为负，二次项显著为正，金融化与非效率投资额的 U 形关系存在，支持假设 4-2；而在 *Statown* 大于 20% 的各分样本中，*Finflow* 的二次项不再显著。这说明在民营企业及国有参股比例较低的企业中，金融化与非效率投资额的 U 形关系存在，即适度的金融化能够促进投资效率的提升，而过度金融化会降低投资效率；而在国有持股比例更高的企业尤其是国有控股企业中，金融化与非效率投资额之 *Finflow* 间不存在明显的 U 形关系，这一定程度上反映了国有企业中金融化对投资效率的影响不及民营企业中的影响大。

4.6 本章小结

本章以 2007~2018 年沪深 A 股非金融（含非房地产）上市公司的年度数据为样本，从微观金融化的视角研究金融化与企业投资效率的关系，研究思路和创新点包括：（1）在金融资产持有比例这个金融化存量指标的基础上，创新性地增加了反映金融投资收益及其带来的内源性现金的金融化流量指标；（2）基于剩余收益估值框架，构建了一个投资机会的复合指标 *V/M*，既能反映权益市场价值的信息，又能反映企业营运资产价值的信息，作为新增投资支出的重要影响因素；（3）借鉴理查德森（Richardson，2006）构建新增投资支出决定因素模型，并采用固定效应估计方法计算拟合值和残差，并从全样本、投资过度组和投资不足组分别检验金融化与非效率投资额之间的关系；（4）在检验金融化与非效率投资额的非线性关系时，通过计算拐点值是否落入金融化指标的定义域验证 U 形关系的经济意义；（5）分别构造金融化存量指标和流量指标与两个调节变量的交乘项，发现在金融化对企业投资效率产生影响时，企业规模和现金存量分别发挥调节作用；（6）采用来源于现金流量表的修正实业投资率重新回归检验，结果稳健一致。

本章主要结论包括：首先，从样本整体来看，企业金融化与投资效率之间并非始终处于单调的线性关系，而是在特定条件下呈现非线性的 U 形关系。适度的金融化能有效缓解企业的融资约束，提高企业投资效率，但这种边际正向影响会随着金融化程度趋近拐点而递减。当金融化资产持有比例或金融资产收益率漫过拐点，企业投资效率会随着金融化程度的提高而降低，且民营企业中的效应比国有企业明显。其原因可能在于，适度的金融化能以金融资产的高流动性和可撤销性特点有效缓解企业的融资约束，提高企业投资效率。而过度的金融化则会由于超额的金融收益改变管理层的投资优序而挤压正 NPV 项目，投资选择和决策更加盲目，使得非效率投资增加，投资效率下降。其次，U 形关系主要体现在过度投资的企业，原因在于，金融资产收益对下期实业投资的"蓄水池效应"提升企业的内部融资能力与投资的抗风险能力而提升企业投资效率，但过度的金融资产收益会使管理层的投资更冲动盲目，而挤占实业经营和投资项目，最终降低投资效率。

本章研究局限性包括：未充分考虑公司治理变量如董事会规模和结构、大股东掏空行为、管理层帝国建造倾向等对投资效率的影响；未将宏观经济因素进行细分，未考虑趋势因素和周期因素的不同特征对投资效率的影响；采用同期的解释变量尤其是金融化存量指标和因变量进行 OLS 回归时，难以排除双向因果效应，即金融化对非效率投资产生 U 形影响，反之也成立。在未来的研究中，力求改进研究思路和更新研究方法，把诸多悬而未决的问题推向深入。

在政策意义上，企业金融化对于投资效率而言是把"双刃剑"，把握好"度"很重要。第一，在企业外部金融市场上，应加强资本市场监管，通过制度性约束防止企业的过度金融投资行为，逐步建立强有效的市场禁入和退市机制；第二，在企业内部，应构建目标投资水平和现金持有水平，规范管理层的投融资决策，以不挤占经营性资产发展空间作为金融资产配置比例的标准；第三，在宏观政策环境上，提高信息透明度，让企业金融化的风险通过市场波动及时化解，同时营造良好的实体产业发展环境，增强企业的实业投资意愿。

第5章 企业金融化对企业价值的影响研究

5.1 引言

在"三期叠加"背景下，我国宏观经济面临较大下行压力，制造业企业平均总资产和净利润虽仍保持正增长，但增速均呈下降趋势。总体宽松的货币政策环境使企业杠杆率大幅上升，经济增长贡献的构成已发生较大变化。据统计，我国实体经济占 GDP 比重①已从 1978 年的约 88.5% 下降到 2018 年的约 63.9%，而包括传统金融业、房地产业和现代金融服务业的虚拟经济占 GDP 比重从 1978 年的约 11.5% 上升至 2018 年的约 36.1%。宏观数据上的此消彼长，必然存在着微观层面的现实基础。一方面是一些制造业企业尤其是国有企业出现产能过剩，另一方面是一些制造业企业尤其是民营中小企业投资率不足，实体产业投资回报率大幅下滑；而与实体经济经营利润下降形成对比的是，金融业由于存在高准入门槛的优势现今仍保有稳定的资金收益率，而房地产市场尤其是一线城市房地产市场经历了爆发式的扩张期，企业资本在逐利动机下大规模涌入这些高风险高回报

---

① 如何核算实体经济以及虚拟经济占比各界尚存在争议，本书借鉴成思危（2013）的做法，以 MPS（物质生产体系，只核算物质产品的生产，不反映非物质产品和服务的生产）算出的 GDP 与当年 SNA（国民经济核算体系）算出的 GDP 之比作为实体经济占比，100% 减去实体经济占比就是虚拟经济占比。数据来源于国家统计局官网，由 2019 年统计年鉴整理而得。

领域，在企业的财务报表中体现为金融资产持有比例和金融收益对总利润的贡献越来越高；企业的价值创造过程虽仍以实业经营和投资为主，但金融资产投资和收益的贡献占比呈现逐渐上升的趋势。这与 20 世纪 80 年代以来发达资本主义国家"金融化趋势"的外在表现是一致的，企业金融化趋势已不容忽视。

党的十九大之后，习近平总书记在多地调研时强调，不能走单一发展、脱实向虚的路子，坚持把做实做强做优实体经济作为主攻方向，一手抓传统产业转型升级，一手抓战略性新兴产业发展壮大。同时，金融要把为实体经济服务作为出发点和落脚点，全面提升服务效率和水平，坚持市场配置金融资源的改革导向，引导资本流向具有良好发展前景的优质实体企业。"扭住实体经济不放"与"金融化趋势"相矛盾吗？从微观企业层面，金融化必然抑制企业价值增长吗，抑或这种影响是依据一定条件产生的？企业价值反映的是其自身拥有的有形资产和无形资产的公平市场价值，而单个企业的价值增值是 GDP 核算的微观构成部分。因此，研究金融化对企业价值的影响，对于推动实体经济发展和丰富企业价值影响因素研究，都具有较强的现实和理论意义。

与宏观层面的金融化成因和影响议题受到广泛关注不同，微观企业视角的金融化研究多聚焦于，金融化对产业资本积累和作用机制的积极影响（Theurillat et al. , 2010），或阐释金融化对研发创新、融资约束、实业投资或公司治理等单一方面，而综合研究企业金融化对企业价值的影响却鲜有涉及。企业所有生产经营和投融资行为的出发点和落脚点必然是创造和增加价值。在中国制造业企业日益突出的金融化倾向，已然对企业的经营和投融资决策产生了深刻的影响，进而一定程度上改变了企业经营绩效和价值的增长模式。

本章以 2007~2018 年沪深 A 股非金融（含非房地产）上市公司的年度数据为样本，从微观企业视角研究金融化与企业价值的关系，边际贡献包括：（1）深入分析了在不同的金融化动机指引下，企业配置金融资产比例和金融收益贡献率的变化对企业价值的影响，并构建度量不同动机的指标采用分样本回归，从实证方法上缓解了反向因果关系对回归结果带来的偏差，并抓住了金融化的出发点和落脚点分情况讨论；（2）从微观金融化的角度，在金融化存量指标的基础上，增加了来源于现金流量表的金融化流量指标，可以反映金融投资收益及其带来的内源性现金供给；（3）抛弃了前期文献广泛使用的 Tobin's Q 值并指出其弊端，而使用更能体现企业价值创造和价值增长的经济增加值指标来度量企业价值，这与股东财富来源于价值创造的假设相符，也与企业经营和投资所追求的价值最大化目标一致。

5.2　理论分析与研究假设

5.2.1　理论依据

5.2.1.1　企业价值的评估

从哪个角度、出于何种目的对企业价值进行评估，会改变其度量标准和方法，也会影响企业价值影响因素的确定，目前理论界和实务界应用的主要方法包括：（1）相对估值法。即用可比企业的公平市场价值来度量研究对象的企业价值，原理上等于当前市场上的收购价格，等于企业权益的市值加上债务价值，减去超额现金。然而，可比企业的选择困难和利用次级信息产生的偏误，都使得相对估值法的适用性有限。（2）现金流量贴现法。也称为收入资本化法，即用企业资产在未来市场存续期所产生的所有自由现金流量的贴现值总和表示当前企业资产的内在价值。但是，通过将现金流量贴现获得当前企业价值的假设前提是股东财富来源于价值分配过程，这使得该方法近年来广受质疑，因为当企业以追求利润最大化为目标时，会使经营和投资决策倾向于短视化。（3）基于价值增值的 EVA 法和 RI 模型。与上述方法不同点在于，EVA 法和 RI 模型评估企业价值的假设是认为股东财富来源于价值创造过程。且 EVA 指标弥补了传统业绩评价指标未考虑股权资本成本的信息缺陷，度量了企业价值创造和价值增长的部分，能更准确地反映企业的经营效率，符合经济学中经济利润的要义。
(4) 企业的增长价值。根据米勒和莫迪利安尼（Miller & Modigliani，1961）的假说，企业的总价值由营运资产的现有价值以及未来成长机会带来的价值两个部分构成。那么，企业的成长机会价值 V_gr 就应该等于企业的总价值 V_total 扣除掉营运资产的现有价值 V_assets 之后的差额，即 $V\_gr = V\_total - V\_assets$。而企业营运资产又可以通过两个方面来表现其价值：营运资产的账面价值 BV 及其产生的盈利价值 V_earn。因此，企业的价值增长可以通过其盈利能力的变现价值来体现。该方法的基本原理和经济增加值在本质上是一致的。

作为被国内文献广泛采用的相对指标，Tobin's Q 值除了最常被用于代表投资机会外，也常被用作企业价值的代理变量（McConnell & Servaes，1990），而由于构成 Tobin's Q 值分母的"公司总资产的重置成本"数据较难获得，部分文献也采用市净率指标（朱武祥和宋勇，2001）来表示企业价值。作为一个被国内文献频繁使用的指标，Tobin's Q 值的"身兼数职"广受诟病，且重置成本的不可得性和市值的波动性也使得它作为企业价值的代理变量显得模糊不清。

国资委自 2010 年起推行通过经济增加值 EVA 来对央企的经营绩效进行考核，目的是倡导企业经营管理目标由利润驱动转向价值驱动，对促进国有企业的长期增长具有积极作用。而 EVA 通过改善管理层的投融资决策，抑制过度投资，对企业价值确实具有显著提升作用（池国华等，2013）。此后，各地方国资委和民营企业也积极跟进，并产生了大量以价值增值和价值创造为真实利润核算指标的正面案例，对改革企业绩效评价体系，促进经济长期增长起到了积极作用。

5.2.1.2 企业价值的影响因素及与金融化的关系

一方面，企业价值应该反映其自身拥有的有形资产和无形资产的公平市场价值，必须通过定量分析和指标构建来评估，保证科学性和客观性；另一方面，通过改进经营和财务管理可以实现企业价值增长，通过改善经营和投资环境也可以提升经营业绩和投资回报，企业价值会随市场波动而变化，因而又具有波动性和时效性。合理有效地评估企业价值并分析影响企业价值创造和增长的因素，可以为企业内部的管理层和外部的投资人进行更优的经营和投资决策提供参考。财务管理和金融经济学理论认为，企业价值主要由三个方面的因素决定：企业未来成长和增值能力、风险大小和企业存续期，相关研究也主要围绕这三个方面挖掘出多个财务变量，包括企业内部的技术创新能力、股权结构、成长机会和投资效率、代理成本等，也包括企业外部的行业异质性、货币政策环境、经济增长速度等。而微观金融化通过影响企业资产负债表的构成，对资本积累和成长机会产生影响，又通过影响利润表的构成，给企业风险增加不稳定因素，进而影响企业的长期可持续发展能力和净现金流的存续期。不管从哪个角度分析，微观金融化对企业价值的影响都是关键而不可忽视的。

对于能促进企业价值增长的因素，微观财务因素及其与宏观经济环境结合的视角相较于单纯的宏观视角更加客观和有现实意义。微观金融化对实体企业影响的研究聚焦点包括前两章讨论的实体投资、现金流持续性、科技创新和生产率等，与企业经营绩效及企业价值相关的研究观点也分为正面影响和负面影响两派，微观金融化对企业价值的影响几何，尚无定论。

5.2.2　研究框架：资本积累动机还是市场套利动机

彭曼和尼西姆（Penman & Nissim，2001；2009）基于金融化趋势提出并阐述了一个新的会计科目分类和财务管理框架，企业总资产可以分为经营资产（实业资产）和金融资产，总负债可以分为经营负债和金融负债，则企业的净利润来源于实业经营投资和金融资产投资。本书借鉴"Penman-Nissim 财务框架"的思路，分别从资产构成和利润来源两个静态角度构建了度量金融化的两个指标 Finstock 和 Finflow。进一步从动态角度深入分析，企业为什么会对其持有的金融资产比例进行调整，为什么金融收益对企业净利润的贡献会发生变化，即企业金融化的动机是什么？对于这个问题的回答相关文献甚少涉及，但是企业出于不同金融化动机的行为，不仅会影响经营投资和管理层决策，还会最终影响企业价值，不可谓不重要。而现有文献引用较多的"蓄水池动机"和"替代动机"提法实际上是混淆了金融化的动机和结果，如胡奕明等（2017）认为，企业如果出于"蓄水池动机"，则当紧缩银根时，实体投资机会下降，企业将增加金融资产的配置比例；而如果出于"替代动机"，紧缩性货币政策对不同金融资产收益的影响不同，则 M2 和法定存准率与金融资产配置比例之间不存在显著关系。这里作者对"替代"的界定不甚清楚，符合经济学原理的"替代"关系应是金融资产配置比例和获利增加进而减少了主业经营和实业投资。根据"Penman-Nissim 财务框架"的提法，"替代"描述的是实业投资和金融投资、经营利润和金融利润之间的替代，而非货币政策变量与金融投资之间的替代。从这个角度，所谓"替代"动机，实际上应是一种金融化的结果，与宏观经济中的"挤出效应"类似；同理，所谓"蓄水池"动机也是一种金融化的结果，与宏观经济中的"灌溉效应"类似。合理的研究视角应将货币政策变量设定为环境因素，其对金融资产和实体资产、金融利润和经营利润都会产生影响，而从金融化结果的角度实证分析金融资产配置和金融获利如何影响实体资产和经营利润，才是符合经济学原理的思路，本书第 4 章已经详细讨论金融化的"挤出效应"和"蓄水池效应"发生的机理和条件。因此，要深入分析金融化的动机及其对企业价值的最终影响，首先得理顺金融化的传导机制，厘清金融化动机和金融化结果的区别。

从微观角度研究金融化动机的最早观察可追溯至凯恩斯（Keynes，1936），他提出的流动性偏好理论认为，人们持有货币资产是出于交易动机、谨慎动机和投机动机。如果将这一理论延伸至企业主体，那么企业持有一定现金资产的目的也是为了防范资金供给短缺对其平稳经营和投资带来的冲击。奥普勒等（Opler et al.，1999）和阿尔梅达等（Almeida et al.，2004）通过实证研究指出，那些未来投资机会和现金流不确定、面临融资约束的企业，现金资产的持有比例将高于所属行业平均水平。金姆等（Kim et al.，1998）从动态视角研究了现金比例上升的原因，认为可以通过交易成本和融资优序理论进行解释。一些学者从公司治理的角度研究了代理成本和企业持有现金之间的关系。迪特马尔等（Dittmar et al.，2003）和哈福德（Harford，1999；2008）发现，现金持有比例越高的企业越倾向于进行收购,其中隐含了企业配置现金资产的动机可能就是多元化发展的扩张冲动。随着金融市场的发展,除了现金资产外,企业持有的金融资产比例和种类越来越多,一些学者以企业规模为分组变量,比较了不同规模企业持有金融衍生品的比例差异及目的,戈登等(Gordon et al.,1995)和博德纳等(Bodnar et al.,1996;1998)都认为,大企业比小企业配置金融衍生品的比例更高,且是出于提升企业利润的目的;另一些学者认为,企业配置金融衍生品的目的是降低财务困境成本,减少投资不足等(Bessembinder,1991;Stulz,1996);后凯恩斯主义者如克罗蒂(Crotty,1990)、斯托克哈默(Stockhammer,2004)认为,为追求股东价值最大化,使得经理层为迎合机构投资者利益,而改变管理决策的优先次序配置更多金融资产,目的是促进短期利润的提升。

正如个体投资者参与金融市场交易出于"投机"或"投资"目的会影响具体投资行为及最终收益一样,企业在主营业务之外配置金融资产并获益,是出于"投机"或"投资"目的,将改变公司治理、财务决策并最终影响企业价值。更正式地,本书将企业金融化的动机分为"资本积累动机"和"市场套利动机"。"资本积累动机"的提出是基于融资约束理论和优序融资理论,当企业增加金融资产的配置比例是出于增加资本积累、缓解融资约束、灌溉主营业务发展和实业投资,则金融化将发挥"蓄水池效应",而适度金融化将补足企业内源性资金,这为主业经营和投资提供了第一优序的资金供给,对企业价值的影响应是正面的。"市场套利动机"的提出是基于权衡理论和宏观经济领域的金融抑制理论,当企业增加金融资产的配置比例纯粹是为在金融市场博弈,管理层将受制于金融市场的波动而使其经营和投资决策倾向短视化,当企业利润主要依赖于金融收益的趋势形成时,金融化对实业投资的"挤出效应"成为必然,为了维持利润增长,企业进一步增加金融资产的配置比例,从而进入"主业空心化"的恶性循环,且杠杆率过高的资本结构也加大了企业的破产风险(Chang & Velasco,2000),因此长期来看,金融化对企业价值的影响应是负面的。

5.2.3 金融化对企业价值的正向影响

微观金融化对企业价值也存在正向影响，一些文献认为，金融化对企业绩效及企业价值的影响是依赖一定条件而产生的。适度的金融化能够有效缓解企业面临的融资约束，使得企业开展实业投资的效率更高（杜勇等，2017），且金融资产因其高流动性可以满足部分实业投资的资金需求，以及增强开展技术研发的风险承受能力，进而起到提升投资效率，促进企业价值增长的作用（张昭等，2018）。姜宝强和毕晓方（2006）基于代理理论分类对比研究了中国上市公司企业绩效以及企业价值的影响因素，实证结果发现，在代理成本较高的公司中，超额现金持有对企业绩效及价值具有负向影响，而代理成本较低的公司中体现为正向影响。苏冬蔚（2005）指出，中国上市公司普遍存在的"多元化溢价"现象对企业价值具有正向效应，这表示与单一主营业务的公司相比，多元化经营的公司具有更高的市场价值和 Tobin's Q 值，企业更具成长性。

根据前两章的研究结论，金融化对企业价值的正向影响可以概括为以下几个方面：（1）适度金融化可以降低企业的外部融资成本（外部融资包括借债和发行股票等），改善资本结构。在直接融资中，企业持有的交易性金融资产、股权投资、投资性房地产等依据现行会计准则，是按照当前的公允价值计量并纳入会计报表核算。因此，当资本市场和房地产市场的投资时机和环境适当，金融资产的市值上升将会改善企业的资产负债表，同时，增强以此类资产作抵押或质押的银行信贷能力以及偿债能力，对应的商业银行不良贷款率也得以下降进而激励其循环授信，这可以降低企业的融资成本，有利于提升企业价值（许圣道和王千，2007）。如果企业是通过适度借债来投资金融资产，还能够利用税盾效应提升企业价值（刘东，2008）。（2）适度金融化可以降低企业面临的内部融资约束（内部融资包括主营业务产生的经营性现金流、前期固定资产投资的本金和投资收益、金融资产的本金和投资收益），缓解财务困境。在中国上市公司尤其是民营中小企业仍主要依赖银行贷款等间接融资的条件下，金融资产由于其资金的分散性、可撤销性和高流动性，可以给融资受限的企业拓宽融资渠道，为其经营和投资提供更充裕的资金供给，一定程度上弥补实业投资项目周期长、金额高和风险大的缺陷。进一步地，如果企业金融化是出于"资本积累动机"，那么当外部经营环境不确定性增强或宏观经济冲击发生时，主营业务利润下滑或实业投资项目受损而引起的内部融资不足问题，可以通过变现金融资产或投资性房地产得以解决或缓解，有利于维持企业价值的稳定增长（Smith & Stulz，1985；Stulz，1996）。（3）适度金融化可以优化实业投资效率，分散主营业务风险，提高资本积累水平。当企业缺乏正 NPV 的实业投资项目时，合适的金融资产或投资性房地产可以提高资金的使用效率，而金融资产的正收益会发挥"蓄水池效应"，为企业下期的经营和投资活动增加资金供给，有利于优化实业投资效率（Cleary，1999），提升企业价值。而企业的投资活动是为了增加企业价值，其投资决策取决于盈利能力本身。金融收益增加或产融结合使得企业从金融渠道的获利占比增加，本质仍然是改进了企业的盈利能力，这应强化而非弱化企业实业投资的动机，进而提升资本积累（Biddle et al.，2009），这也符合资本逐利的一般经济规律。进一步地，如果企业金融化是出于"资本积累动机"，投资金融资产使得经营更趋多元化，而投资更趋"投资组合"化，充分发挥协同效应，提升企业价值（Crotty，2005）。综上所述，本章提出以下假设。

假设 5 - 1：当上市公司出于"资本积累动机"进行金融化时，金融化程度的提高对企业价值具有促进作用，反之，则具有抑制作用。

换而言之，如果说资本积累动机是一种"良性"动机，表示管理层增加金融资产配置比例或获取更多的金融收益是为了积累公司资本，这将会推动主业经营和实业投资，使得金融化对企业价值具有正向推动作用。相反，并非出于资本积累动机则是一种"不良"动机，管理层增加金融资产配置比例或获取更多的金融收益并非为了公司的长期主业发展考虑，而是出于市场投机套利或其他不能排除的不良目的，而当公司面临更严重的融资约束时，这种金融化对企业价值的负向影响将类似于"挤出效应"的作用机制，会加重对企业价值的抑制作用。据此，本章进一步提出以下假设。

假设5－2：当上市公司并非出于"资本积累动机"进行金融化时，金融化程度的提高将抑制企业价值的增长，且融资约束程度越严重，抑制作用将越明显。

5.2.4 金融化对企业价值的负向影响

持负面影响观点的包括代表性文献奥尔汉加济（Orhangazi，2008），其中对美国1973～2003年非金融公司的实证研究表明，一方面，更高的金融收益会驱使管理层改变实体经营和投资的优先顺序；另一方面，增加的金融资产会减少内部资金，且会缩短管理层的决策周期，增加不确定性，抑制实业经营和投资。德米尔（Demir，2009）、托里和奥纳兰（Tori & Onaran，2016）对不同国家数据的研究都支持这一结论。国内相关文献也多持相似观点，如谢家智等（2014）提出，过度金融化抑制了中国制造业的技术创新，不利于企业的长期业绩增长，而政府干预扩大了这种负向影响。王红建等（2017）和郭丽婷（2018）也从技术创新的视角对金融化的影响进行了实证分析，结果显示，制造业金融化与技术创新投资显著负相关，不利于企业的长期价值增长。刘笃池等（2016）认为，不论在总量还是增量上，企业金融化与经营性业务的全要素生产率及其长期增长显著负相关；且对比非国有企业，这种抑制效应在国有企业中更加明显。杜勇等（2017）提出，金融化整体上抑制了中国上市公司的主营业务增长，有损企业的未来业绩。关于金融化有损于企业价值的更严厉批评来自股价崩盘风险视角的研究，吉恩和迈尔斯（Jin & Myers，2006）以及赫顿等（Hutton et al.，2009）提出，当企业管理层增加金融资产投资是出于投机和粉饰企业业绩表现时，内在风险会集聚，而当负面信息积累到一定程度，在外部投资环境不稳定的情况下，股价崩盘风险陡增。彭俞超等（2018）基于一个包含公司、经理人和市场的三期博弈模型，对中国上市公司进行了实证研究，指出公司未来掩饰负面信息而进行的金融化会显著增加未来的股价崩盘风险，增加了系统性金融风险的隐忧。

根据前两章的研究结论，金融化对企业价值的负向影响可以概括为以下几个方面：（1）过度金融化会改变企业管理层关于经营和投资的优序决策，降低主营业务效率，不利于企业价值的增长。宏观金融化视角的研究大多支持中国存在"金融约束"，当实体经济让位于金融发展时，会产生资金错配、投资效率下降的弊端（刘海英等，2009）。根据本书第 3 章的结论，在企业给定预算约束且没有新增外部融资及现有的盈利水平下，基于资产配置的权衡取舍，持有更多的金融资产会抑制实业投资率，表现为金融化存量对当期实业投资的"挤出效应"，在客观上限制了企业的实业投资意向，进而使管理层的经营和投资决策偏离其最优效率水平，对企业价值的长期增长产生不利影响。（2）过度金融化会阻碍技术创新，不利于主营业务业绩增长。企业的研发创新是一项长期的、不断累积的投资活动，需要企业持续且稳定的资金投入（Pisano，2012）。当漫长的研发投入让位于"短平快"的金融资产投资，企业经营就会缺乏长期增长的内生动力而逐渐偏离主业，阻碍企业绩效的根本改善和企业价值的提升。（3）过度金融化会增加金融性、系统性风险的集聚，危害公司股票的市场表现。期限错配和权益错配普遍存在，在信息不对称的金融市场中，经济主体只能通过短期借贷为长期投资项目融资，通过债务资金为权益项目融资，这使得其极易受到外部流动性冲击的影响（Chang & Velasco，2000）。当外部投资者观察到这一主业空心化趋势时，将会对公司股票用脚投票，致使公司市值大幅波动。综上所述，如果企业是出于"市场套利动机"，在资本逐利的驱使下，金融化容易出现过度性和迎合市场的倾向，更高收益的金融投资将逐渐挤占经营和投资的资源，降低主营业务效率，阻碍创新、集聚风险，最终抑制企业价值的长期增长。基于此，本章提出以下假设。

假设 5 - 3：当上市公司出于"市场套利动机"进行金融化时，金融化程度的提高对企业价值具有抑制作用，反之，则具有促进作用。

以上假设的主要逻辑为，假设 5 - 1 是从金融化"良性动机"角度构建的零和假设；假设 5 - 2 是在假设 5 - 1 基础上，讨论融资约束对金融化边际影响的调节效应；假设 5 - 3 是从金融化的"劣性动机"角度构建的零和假设。由于尚无充足证据显示非资本积累动机就是市场套利动机，或非市场套利动机即为资本积累动机，因此假设 5 - 1 与假设 5 - 3 之间并不能构成零和假设，假设 5 - 2 与假设 5 - 3 存在交集但不能相互替代。以下实证分析部分将对三个假设逐条进行检验。

5.3 研究设计

5.3.1 样本选择与数据处理

由于 2007 年起新会计准则实施，为了统一度量口径，本书研究样本为 2007 ~ 2018 年中国 A 股非金融（含非房地产）上市公司的年度数据，原始财务数据来源于 CSMAR 数据库，宏观经济数据来源于国家统计局官网。剔除受到一定行政管制的交通运输与仓储业公司，剔除 ST 类上市公司，删除 2017 年及以后 IPO 的上市公司，最终得到 23 089 个样本观测值。

5.3.2 变量定义与计算

基于池国华等（2013）、刘凤委和李琦（2013）等对企业价值的研究，本书从公司财务影响和宏观经济影响两个方面构建企业价值的影响因素变量，其中，公司财务方面包括反映金融化程度、自由现金流水平、偿债能力、盈利能力、发展能力、资产管理能力和股权集中程度等的变量，宏观经济方面包括反映货币政策宽松程度、全社会固定资产投资增长的变量，建立以下基准回归模型：

$$REVA_{i,t} = \beta_0 + \beta_1 Finstock_{i,t}(Finflow_{i,t}) + \sum \Phi Controls_{i,t}$$
$$+ \sum YearDummy + \sum SicdaDummy + \alpha_i + \varepsilon_i \quad (5-1)$$

5.3.2.1 被解释变量

EVA 相对于传统业绩评价指标，考虑了股权资本成本对价值增值的贡献，能更准确地反映经营效率对企业价值的影响。但 EVA 是一个绝对指标，为了便于比较不同规模企业之间的企业价值，本书借鉴张新（2003）的做法，采用经济增加值回报率 REVA 来度量和比较企业价值，REVA 能够从企业内部资本管理的角度反映企业实现股东价值最大化目标的程度：

$$EVA = 税后净营业利润 - 资本成本 = 税后净营业利润$$
$$- (全部投入资本 \times 加权平均资本成本)$$
$$REVA = [息税前利润 \times (1 - 所得税/利润总额) - (全部投入资本$$
$$\times 加权平均资本成本)] / 总资产$$

其中，全部投入资本包括各类长短期有息借款、金融负债，和股权资本（"实收资本、资本公积、盈余公积和未分配利润"），不包括各类应付账款和预收账款等商业信用来源的无息负债；加权平均资本成本采取国资委 2003 年以来一直采用的平均利率 5.5%；税率采用企业实际缴纳的"所得税费用"除以"利润总额"获得，避免各企业适用税率不同而造成的偏误；通过总资产标准化，即可得到反映不同资产规模的企业价值增长的相对指标。

$REVA$ 为正值，表示企业的税后净营业利润超过投入的所有债务资本和权益资本后有剩余，剩余的部分即企业当年创造的新价值，所有权属于股东，正值越大，表示新增价值越多，与企业追求股东价值最大化的目标一致；反之，$REVA$ 为负值，表示企业的税后净营业利润不足以弥补投入的资本成本，当年的企业价值实际上产生了减值，负值越大，减值程度越大，股东遭受的损失越严重。

5.3.2.2 核心解释变量

本章采取前述章节构建的金融化存量指标 $Finstock$ 和流量指标 $Finflow$ 分别表示企业持有金融资产配置比例和金融资产投资收益。$Finstock$ 来源于资产负债表，借鉴德米尔（Demir，2009）的狭义金融资产统计口径，包括"交易性金融资产、可供出售金融资产、衍生金融资产、持有至到期投资、长期股权投资、应收利息、应收股利以及投资性房地产"8 个科目，并通过总资产标准化（在稳健性检验部分，将"投资性房地产"减去）。中国上市公司利润表科目更可能被操纵，从利润表获取金融资产收益更容易产生度量偏误，而现金流量表科目更客观地反映了投资收益的现金流入和流出，因而 $Finflow$ 来源于现金流量表，采用"收回投资收到的现金"与"取得投资收益收到的现金"之和来度量金融资产的投资收益，并用总资产标准化，涵盖了存量指标 *Finstock* 中各金融资产投资收益所产生的现金流净额和收回的现金。

5.3.2.3 控制变量

基于研究企业价值影响因素的相关文献，在模型中加入以下控制变量并观察回归之后的系数是否符合前期研究结论：*Cfo* 是经营性现金流量，*Cfo* 越高，一方面代表内源性资金供给越充沛，另一方面代表企业经营和投资的盈利性越强，预期其与企业价值正相关；*Lev* 是财务杠杆率，代表公司的资本结构，预期其与 *REVA* 负相关；*Salesgr* 是销售收入年增长率，反映企业的主营业务发展能力，预期其与 *REVA* 正相关；*Tato* 是总资产周转率，反映企业的资产运营效率，预期其与 *REVA* 正相关；*ECR*10 是前十大股东持股比例，反映企业的股权集中度，预期其与 *REVA* 正相关；*Roe* 是净资产收益率，反映企业的盈利能力，预期其与 *REVA* 正相关；*Agcost* 是管理费用率，反映企业内部管理者的代理成本，预期其与 *REVA* 负相关；其他财务变量还包括国有股持有比例 *Statown*、企业规模 *Size*，以及为控制公司生命周期效应的自 IPO 起上市年限 *IPOage*（在混合 OLS 回归时加入，在面板模型中为防止共线性剔除）。

另外，纳入反映货币政策宽松程度的"广义货币供给量增长率 M2"，以及反映实业投资的宏观景气度指标"全社会固定资产投资增速 Agginv"。根据宏观经济理论，货币政策越宽松，企业经营和投资的宏观环境越好，企业价值越高。$\sum YearDummy$ 是 12 个年度虚拟变量。$\sum SicdaDummy$ 是 47 个行业虚拟变量，按证监会行业分类 2012 年版，制造业细分到行业大类，其他行业以门类划分，共 47 类。u_i 是个体固定效应，捕捉不可观测的公司特有因素。主要变量的具体定义与计算方式见表 5-1。

表 5-1 　　　　　　　　主要变量定义与计算方式

变量名称	变量定义与计算
REVA	经济增加值回报率，等于［息税前利润 ×（1 - 所得税/利润总额）-（全部投入资本×加权平均资本成本）］/总资产
TobinQ	托宾 Q 值，等于（流通股市值 + 非流通股账面值 + 总负债账面值）/总资产账面值，稳健性检验中替换因变量

变量名称	变量定义与计算
Finstock	金融化存量指标，等于（交易性金融资产＋衍生金融资产＋应收利息净额＋应收股利净额＋可供出售金融资产＋持有至到期投资＋长期股权投资＋投资性房地产）/总资产
Finflow	金融化流量指标，等于（收回投资收到的现金＋取得投资收益收到的现金）/总资产
Cfo	经营活动产生的现金流量净额/总资产
Lev	资产负债率，等于总负债/总资产，作为财务风险的代理变量
Roe	净资产收益率，反映公司的盈利能力
Tato	总资产周转率，等于营业收入/平均总资产
Agcost	代理成本，即管理费用率，等于（管理费用/主营业务收入）
Salesgr	销售收入同比增长率，等于连续两年销售收入的对数值之差
ECR10	股权集中度，等于前十大股东持股比例之和
Statown	国有股持有比例，等于国有股持有数/股本总数
IPOage	自 IPO 之日起的上市年限
Size	企业规模，等于总资产的自然对数
M2	广义货币供给量年增长率
Agginv	全社会固定资产投资年增长率
RCA	资本积累率，等于（所有者权益合计本期期末值－所有者权益合计上年同期期末值）/（所有者权益合计上年同期期末值），反映金融化的资本积累动机，属样本分组变量。从低到高分为 4 个百分位组，分别代表低、较低、较高和高资本积累组
Arbi	金融收益贡献率，等于（利息收入＋投资收益＋公允价值变动＋汇兑收益－对联营、合营企业的投资收益）/净利润，反映金融化的市场套利动机，属样本分组变量。从低到高分为 4 个百分位组，由于金融收益可能为正或为负，最低负值（亏损最多）和最高正值（收益最多）代表高套利动机组，中间两组代表低套利动机组
SA	融资约束指数，等于 $-0.737 \times \ln TA + 0.043 \times \ln TA^2 - 0.04 \times IPOage$（Hadlock & Pierce, 2010），属样本分组变量。从低到高分为 4 个百分位组，分别代表低、较低、较高和高融资约束组
Divrate	股利分配率，等于每股现金股利/每股收益额，属样本分组变量
Year	12 个年度虚拟变量，捕捉不可观测的时间特有因素

续表

变量名称	变量定义与计算
Sicda	行业虚拟变量，按证监会行业分类 2012 年版，制造业细分到行业大类，其他行业以门类划分，共 47 类。在 OLS 回归中加入，FE 模型中剔除
u	个体固定效应，捕捉不可观测的公司特有因素

5.3.3 变量描述性统计

为避免极端值对回归分析带来的影响，本书用 Winsorize 方法对 *Finstock*、*Finflow*、*Cfo*、*Lev*、*Roe*、*Salesgr* 几个变量进行了双侧 2.5% 极端值的缩尾处理，使得各变量取值概率在样本期间基本呈现正态分布特征。其中，*M2* 的中位数是 13.34%，表明样本期间的货币政策大体呈宽松态势；从 *Agginv* 的分年度数据来看，2013 年起全社会固定资产投资增速出现放缓迹象，2015 年起重回个位数增速。主要变量的描述性统计见表 5 –2。

表 5 –2　　　　　　　　变量描述性统计

变量	观测值个数	最小值	均值	中位数	最大值	标准差
REVA	23 089	– 5. 749	0. 005	0. 005	12. 040	0. 125
TobinQ	23 089	0. 153	2. 084	1. 688	9. 998	1. 238
Finstock	23 089	0. 000	0. 059	0. 024	0. 364	0. 085
Finflow	23 089	0. 000	0. 068	0. 002	0. 767	0. 164
Roe	22 972	– 0. 219	0. 078	0. 076	0. 292	0. 094
Cfo	23 089	– 0. 106	0. 045	0. 043	0. 195	0. 066
Tato	23 089	0	0. 676	0. 552	11. 416	0. 556
Agcost	23 089	– 0. 006	0. 129	0. 083	481. 706	3. 181
Salesgr	19 827	– 0. 581	– 0. 009	0. 000	0. 513	0. 224
Lev	23 089	0. 070	0. 424	0. 419	0. 832	0. 206
Size	23 089	17. 879	21. 944	21. 774	28. 520	1. 273
Statown	23 089	0. 000	0. 066	0. 000	0. 971	0. 157

变量	观测值个数	最小值	均值	中位数	最大值	标准差
M2	23 089	8.100	13.645	13.340	28.500	4.908
Agginv	23 089	0.692	15.141	14.727	29.955	8.937
RCA	23 035	1.310	58.153	59.166	101.160	15.521
Arbi	23 089	− 4 794.43	0.074	0.009	306.416	31.767

被解释变量 *REVA* 的均值和中位数分别只有 0.0053 和 0.0055，相较于传统的会计利润指标，以 *REVA* 评估企业价值更加严苛，很多从传统会计利润指标来看是盈利的企业，以 *REVA* 评价时经济增加值为零甚至为负。*TobinQ* 的最大值是 9.998，最小值是 0.153，跨度依然很大且标准差较大，一个侧面反映了中国资本市场远非效率市场，*TobinQ* 用于稳健性检验中替换被解释变量。对于核心解释变量金融化程度 *Finstock* 和 *Finflow*，构成分子的各项报告为缺失值的以 0 替代，因而变量最小值为 0，没有负值。*Finstock* 的中位数是 0.024，最大值是 0.364，说明有大量公司在许多年度上并未持有金融资产，且数值分布上未见畸高值。如果单从 *Finstock* 的分布，很难得出上市公司过度金融化的论断。但观察金融化流量指标 *Finflow* 可以看出，样本均值是 6.8%，中位数只有 0.2%，但最大值是 76.7%，说明各企业金融化的情况分布极不平均，许多公司从中获利寥寥，而另有大量公司金融资产投资已为其贡献了相当比例的利润，上市企业金融化趋势已不可忽视。反映公司盈利能力、现金流状况、资本结构、持续发展能力和资产运营效率的 *Roe*、*Cfo*、*Lev*、*Salesgr* 和 *Tato* 的数值相差甚大，有的公司处于亏损境地、经营性现金流净流出或销售收入负增长，有的公司盈利和持续发展能力强、资产运营效率高；有的公司借债保守，有的公司过度负债；这表明本样本覆盖面广，观测值具有一定代表性。资本积累率 *RCA* 和金融收益贡献率 *Arbi* 属样本分组变量，未进行缩尾处理，两者的均值和中位数均处于合理区间且与历史数据持平，然而最小值和最大值相差极大且标准差明显比传统的财务指标高得多；*RCA* 越高，所有者权益增长越快，公司的资本积累动机越强，因而按 *RCA* 从低到高分为 4 个百分位组，分别代表

低、较低、较高和高资本积累组。值得注意的是，*Arbi* 最大值为 306.416，而最小值达到了夸张的 - 4 794.43，这说明有些公司金融收益或亏损对当期业绩的贡献已经远远高于主营业务的贡献，市场套利的动机非常明显，因而按 *RCA* 从低到高分为 4 个百分位组，亏损占比和收益占比最大的第 1 组和第 4 组代表高套利动机组，第 2 组和第 3 组代表低套利动机组。

5.4　实证分析

5.4.1　相关性分析

对总样本进行 Pearson 相关性分析的结果显示（见表 5 - 3），金融化存量 *Finstock* 与企业价值 *REVA* 显著负相关，金融化流量 *Finflow* 与 *REVA* 显著正相关，这与本书第 3 章得出的主要结论：金融化存量对当期实业投资形成"挤出效应"、而金融化流量对下期实业投资形成"蓄水池效应"是一致的。因为基于资产配置的权衡取舍，持有更多的金融资产会抑制实业投资率，而实业投资不足会抑制企业价值的提升；基于资产收益是对内融资的源泉，金融资产收益的提高会促进实业投资率，而实业投资正向增长会促进企业价值的提升。其他影响企业价值的主要财务变量均呈现出与前期文献一致的符号，以下进一步通过 OLS 回归进行检验。

5.4.2　不同动机下金融化对企业价值影响的混合 OLS 回归分析

5.4.2.1　资本积累动机研究

不考虑截面单位之间的异质性，运用混合 OLS 并按资本积累率 RCA 从低到高对总样本进行分组，对模型（5 - 1）进行回归检验的结果见表 5 - 4。

表 5-3 经济增加值回报率与核心解释变量的 Pearson 相关性分析

变量	Finstock	Finflow	Cfo	Lev	Roe	Tato	Agcost	Salesgr	ECR10
Finstock	1.000								
Finflow	0.104*** (0.000)	1.000							
Cfo	-0.055*** (0.000)	0.029*** (0.000)	1.000						
Lev	-0.007 (0.309)	-0.177*** (0.000)	-0.113*** (0.000)	1.000					
Roe	-0.039*** (0.000)	0.040*** (0.000)	0.334*** (0.000)	-0.145*** (0.000)	1.000				
Tato	-0.081*** (0.000)	-0.013** (0.044)	0.090*** (0.000)	0.197*** (0.000)	0.141*** (0.000)	1.000			
Agcost	0.016 (0.015)	0.001 (0.923)	-0.01 (0.206)	0.008 (0.207)	-0.142*** (0.000)	-0.021*** (0.002)	1.000		
Salesgr	-0.025*** (0.000)	0.022*** (0.002)	0.078*** (0.000)	-0.036*** (0.000)	0.073*** (0.000)	0.139*** (0.000)	-0.071*** (0.000)	1.000	
ECR10	-0.181*** (0.000)	0.012* (0.072)	0.101*** (0.000)	-0.168*** (0.000)	0.245*** (0.000)	0.032*** (0.000)	-0.001 (0.888)	-0.001 (0.891)	1.000
REVA	-0.026*** (0.000)	0.051*** (0.000)	0.269*** (0.000)	-0.215*** (0.000)	0.791*** (0.000)	0.065*** (0.000)	-0.054*** (0.000)	0.038*** (0.000)	0.165*** (0.000)

注：括号中为 t 检验的 P 值，*、**、*** 分别表示两变量在 10%、5% 和 1% 的显著性水平上相关；被解释变量列示在最下一行，便于呈现 REVA 与其他解释变量的相关系数。

表 5-4　　全样本和按资本积累率分组的混合 OLS 回归结果分析

变量	（1）全样本	（2）低资本积累组	（3）高资本积累组	（4）全样本	（5）低资本积累组	（6）高资本积累组
$Finstock_{i,t}$	-0.008 ** (-1.97)	-0.035 *** (-2.62)	0.019 *** (3.87)			
$Finflow_{i,t}$				0.002 (1.00)	-0.011 (-1.56)	0.008 *** (2.97)
$Lev_{i,t}$	-0.057 *** (-27.81)	-0.009 (-1.39)	-0.094 *** (-35.84)	-0.056 *** (-27.16)	-0.009 (-1.35)	-0.094 *** (-35.78)
$Roe_{i,t}$	0.599 *** (154.32)	0.754 *** (56.54)	0.500 *** (100.93)	0.599 *** (154.16)	0.753 *** (56.47)	0.499 *** (100.54)
$Tato_{i,t}$	-0.004 *** (-5.44)	-0.012 *** (-5.78)	0.003 *** (4.48)	-0.004 *** (-5.31)	-0.011 *** (-5.45)	0.003 *** (3.92)
$Agcost_{i,t}$	-0.035 *** (-13.46)	-0.055 *** (-9.11)	0.003 (0.93)	-0.035 *** (-13.58)	-0.056 *** (-9.20)	0.003 (0.95)
$Salesgr_{i,t}$	-0.006 *** (-3.99)	-0.034 *** (-6.80)	0.012 *** (7.49)	-0.006 *** (-4.01)	-0.034 *** (-6.98)	0.012 *** (7.54)
$ECR10_{i,t}$	0.000 (0.21)	0.000 (1.04)	-0.000 (-0.34)	0.000 (0.34)	0.000 (1.17)	-0.000 (-0.82)
$Statown_{i,t}$	0.001 (0.25)	0.000 (0.05)	0.004 (1.54)	0.001 (0.32)	0.001 (0.09)	0.004 (1.39)
$IPOage_{i,t}$	0.000 *** (4.87)	0.001 *** (4.20)	0.000 (1.25)	0.000 *** (4.52)	0.001 *** (3.75)	0.000 ** (1.97)
$Size_{i,t}$	0.000 (0.69)	0.002 * (1.75)	0.001 ** (2.24)	0.000 (0.55)	0.002 * (1.66)	0.001 ** (2.48)
$M2_t$	-0.004 *** (-6.01)	-0.012 *** (-5.56)	0.002 ** (2.22)	-0.004 *** (-6.01)	-0.012 *** (-5.70)	0.002 ** (2.21)
$Agginv_t$	0.002 *** (6.84)	0.006 *** (6.86)	-0.001 *** (-2.73)	0.002 *** (6.88)	0.006 *** (6.96)	-0.001 *** (-2.62)
$Constant$	-0.006 (-0.74)	-0.021 (-0.71)	-0.033 *** (-3.22)	-0.006 (-0.73)	-0.018 (-0.58)	-0.034 *** (-3.35)
时间虚拟变量	是	是	是	是	是	是
行业虚拟变量	是	是	是	是	是	是

续表

变量	（1） 全样本	（2） 低资本 积累组	（3） 高资本 积累组	（4） 全样本	（5） 低资本 积累组	（6） 高资本 积累组
N	19 638	4 934	4 635	19 638	4 934	4 635
R^2	0.654	0.518	0.821	0.653	0.518	0.821
Adj_ R^2	0.652	0.512	0.818	0.652	0.511	0.818
F 值	550.864	79.383	322.188	550.740	79.244	321.660
P 值	0.000	0.000	0.000	0.000	0.000	0.000

注：括号中为 t 统计量；＊、＊＊、＊＊＊分别表示10%、5%和1%的显著性水平；Adj_ R^2 表示调整后的判定系数。列（1）至列（3）的核心解释变量是金融化存量 $Finstock$，列（4）至列（6）的核心解释变量是金融化流量 $Finflow$；其中，列（1）和列（4）是全样本回归，列（2）和列（5）属于 RCA 取值位于第 1 百分位组，代表低资本积累动机组的分组回归，列（3）和列（6）属于 RCA 取值位于第 4 百分位组，代表高资本积累动机组的分组回归。

表 5 - 4 中列（1）至列（3）的核心解释变量是金融化存量 $Finstock$，列（4）至列（6）的核心解释变量是金融化流量 $Finflow$。其中，列（1）和列（4）是全样本回归结果，列（2）和列（5）属于资本积累率 RCA 取值位于第 1 百分位组，代表低资本积累动机组的分组回归结果，列（3）和列（6）属于资本积累率 RCA 取值位于第 4 百分位组，代表高资本积累动机组的分组回归结果。列（1）的 $Finstock$ 系数显著为负，显示在全样本回归中，金融资产配置比例越高，$REVA$ 越低，金融化存量与企业价值负相关；在分样本回归中，代表低资本积累率组的列（2）中 $Finstock$ 系数显著为负，而代表高资本积累率组的列（3）中系数显著为正；事实上，代表较低资本积累率的第 2 百分位组 $Finstock$ 系数为负但不显著，而代表较高资本积累率组的第 3 百分位组 $Finstock$ 系数为正但不显著（未报告）。这表示金融化存量与企业价值的负相关关系主要体现在低资本积累动机组，即上市公司并非出于资本积累动机配置金融资产时，增加金融资产配置比例将降低企业价值，支持假设 5 - 1。列（4）的 $Finflow$ 系数为正但不显著，显示在全样本回归中，金融化流量与企业价值的关系不明显；在分样本回归中，代表低资本积累率组的列（5）中 $Finflow$ 系数为负不显著（P 值为 0.12），而代表高资本积累率组的列（6）系数显著为正。这表示金融化流量与企业价值的正相关关系主要体现在高资本积累动机组，即上市公

司出于资本积累动机获取金融渠道现金收益时，金融收益增加将提升企业价值，支持假设 5 - 1。

5.4.2.2　市场套利动机研究

不考虑截面单位之间的异质性，运用混合 OLS 并按金融收益贡献率 *Arbi* 从低到高对总样本进行分组，对模型（5 - 1）进行回归检验的结果见表 5 - 5。

表 5 - 5　　　　按金融收益贡献率分组的混合 OLS 回归结果分析

变量	（1）高套利动机组	（2）低套利动机组	（3）高套利动机组	（4）低套利动机组
$Finstock_{i,t}$	-0.015 ** (-2.29)	0.005 (1.14)		
$Finflow_{i,t}$			-0.003 (-0.89)	0.010 *** (5.43)
$Cfo_{i,t}$	-0.000 (-0.05)	0.063 *** (14.12)	0.001 (0.09)	0.062 *** (13.72)
$Lev_{i,t}$	-0.049 *** (-13.73)	-0.066 *** (-37.41)	-0.049 *** (-13.36)	-0.065 *** (-36.96)
$Roe_{i,t}$	0.626 *** (95.73)	0.557 *** (154.12)	0.625 *** (95.68)	0.555 *** (153.60)
$Tato_{i,t}$	-0.005 *** (-4.80)	0.000 (0.05)	-0.005 *** (-4.54)	-0.000 (-0.22)
$Agcost_{i,t}$	-0.038 *** (-10.27)	-0.021 *** (-6.39)	-0.038 *** (-10.31)	-0.021 *** (-6.41)
$Salesgr_{i,t}$	-0.012 *** (-4.87)	0.002 (1.51)	-0.012 *** (-4.88)	0.002 (1.52)
$ECR10_{i,t}$	0.000 (0.00)	0.000 (0.83)	0.000 (0.16)	0.000 (0.64)
$Statown_{i,t}$	0.002 (0.42)	0.001 (0.28)	0.002 (0.48)	0.000 (0.26)
$IPOage_{i,t}$	0.000 *** (4.32)	0.000 *** (3.11)	0.000 *** (3.92)	0.000 *** (3.66)

变量	（1） 高套利动机组	（2） 低套利动机组	（3） 高套利动机组	（4） 低套利动机组
$Size_{i,t}$	0.001 （1.51）	−0.000* （−1.72）	0.001 （1.35）	−0.000 （−1.56）
$M2_t$	−0.006*** （−5.95）	−0.001 （−1.49）	−0.007*** （−5.99）	−0.001 （−1.15）
$Agginv_t$	0.003*** （6.78）	0.000 （1.29）	0.003*** （6.79）	0.000 （1.15）
$Constant$	−0.009 （−0.62）	−0.004 （−0.53）	−0.008 （−0.52）	−0.007 （−0.98）
时间虚拟变量	是	是	是	是
行业虚拟变量	是	是	是	是
N	9 967	9 671	9 967	9 671
R^2	0.570	0.811	0.570	0.812
Adj_ R^2	0.567	0.810	0.567	0.811
F 值	199.071	615.938	198.913	618.168
P 值	0.000	0.000	0.000	0.000

注：括号中为 t 统计量；*、**、*** 分别表示 10%、5% 和 1% 的显著性水平；Adj_ R^2 表示调整后的判定系数。列（1）和列（2）的核心解释变量是金融化存量 $Finstock$，列（3）和列（4）的核心解释变量是金融化流量 $Finflow$；其中，列（1）和列（3）属于 $Arbi$ 值位于第 1 或第 4 百分位组，代表高套利动机组，列（2）和列（4）属于 $Arbi$ 值位于第 2 或第 3 百分位组，代表低套利动机组。

表 5 - 5 中列（1）和列（2）的核心解释变量是金融化存量 $Finstock$，列（3）和列（4）的核心解释变量是金融化流量 $Finflow$。其中，将金融收益贡献率 $Arbi$ 从低到高分为 4 个百分位组，第 1 和第 4 百分位组代表高套利动机组，分样本回归结果呈现在列（1）和列（3），中间的第 2 和第 3 百分位组代表低套利动机组，分样本回归结果呈现在列（2）和列（4）。列（1）中 $Finstock$ 系数显著为负而列（2）中 $Finstock$ 系数为正但不显著，这表示金融化存量与 $REVA$ 的负相关关系主要体现在高套利动机组，即当上市公司出于市场套利动机而金融化，表现为金融投资亏损最多或金融收益贡献最大时，金融资产配置比例的上升会降低企业价值，支持假设 5 - 3。列（3）中 $Finflow$ 系数为负但不显著，列（4）中 $Finflow$ 系数显著为正，这

表示金融化流量与企业价值的正相关关系主要体现在低套利动机组，即当上市公司并非出于市场套利动机而金融化，表现为金融投资收益贡献率较低时（第 2 和第 3 百分位组的 $Arbi$ 均值分别为 0.004 和 0.046），金融投资收益的增长将有助于提升企业价值，支持假设 5 - 3。

5.4.3 不同动机下金融化对企业价值影响的固定效应回归分析

考虑截面单位之间的异质性，运用固定效应（FE）对模型（5 - 1）进行回归检验的结果见表 5 - 6。

表 5 - 6 　　　　　　　按资本积累率分组的 FE 回归结果分析

变量	(1) 低资本积累动机组	(2) 高资本积累动机组	(3) 低资本积累动机组	(4) 高资本积累动机组
$Finstock_{i,t}$	- 0.113 *** (- 4.61)	- 0.013 (- 1.33)		
$Finflow_{i,t}$			- 0.032 *** (- 3.13)	0.005 (1.25)
$Cfo_{i,t}$	0.003 (0.12)	0.054 *** (6.05)	- 0.000 (- 0.01)	0.054 *** (6.04)
$Lev_{i,t}$	- 0.078 *** (- 6.27)	- 0.095 *** (- 19.30)	- 0.080 *** (- 6.38)	- 0.095 *** (- 19.07)
$Roe_{i,t}$	0.684 *** (43.19)	0.480 *** (66.05)	0.687 *** (43.26)	0.479 *** (65.97)
$Tato_{i,t}$	- 0.053 *** (- 10.89)	0.005 ** (2.57)	- 0.051 *** (- 10.54)	0.006 *** (2.75)
$Agcost_{i,t}$	- 0.037 *** (- 5.30)	0.005 (1.17)	- 0.038 *** (- 5.44)	0.005 (1.19)
$Salesgr_{i,t}$	- 0.012 ** (- 2.23)	0.011 *** (5.51)	- 0.013 ** (- 2.43)	0.011 *** (5.49)
$ECR10_{i,t}$	- 0.000 ** (- 2.09)	- 0.000 ** (- 2.10)	- 0.000 * (- 1.93)	- 0.000 * (- 1.85)
$Statown_{i,t}$	- 0.028 ** (- 2.31)	- 0.005 (- 1.29)	- 0.028 ** (- 2.34)	- 0.005 (- 1.32)
$Size_{i,t}$	0.028 *** (8.37)	- 0.001 (- 0.42)	0.029 *** (8.62)	- 0.001 (- 0.41)

续表

变量	（1） 低资本积累动机组	（2） 高资本积累动机组	（3） 低资本积累动机组	（4） 高资本积累动机组
$M2_t$	-0.006*** （-2.87）	0.001 （0.66）	-0.007*** （-2.94）	0.001 （0.63）
$Agginv_t$	0.004*** （4.84）	-0.000 （-0.93）	0.005*** （4.92）	-0.000 （-0.83）
$Constant$	-0.387*** （-4.82）	0.006 （0.17）	-0.406*** （-5.06）	0.004 （0.13）
时间虚拟变量	是	是	是	是
行业虚拟变量	是	是	是	是
N	4 934	4 635	4 934	4 635
$R^2\_$ within	0.534	0.712	0.532	0.712
F 值	55.594	104.453	55.213	104.442
P 值	0.000	0.000	0.000	0.000

注：括号中为 t 统计量；*、**、***分别表示 10%、5% 和 1% 的显著性水平；$R^2\_$ within 表示组内判定系数。列（1）和列（2）的核心解释变量是金融化存量 Finstock，列（3）和列（4）的核心解释变量是金融化流量 Finflow；其中，列（1）和列（3）属于 RCA 取值位于第 1 百分位组，代表低资本积累动机组的分组回归，列（2）和列（4）属于 RCA 取值位于第 4 百分位组，代表高资本积累动机组的分组回归。

表 5 - 6 中列（1）和列（2）的核心解释变量是金融化存量 Finstock，列（3）和列（4）的核心解释变量是金融化流量 Finflow。其中，列（1）和列（3）属于资本积累率 RCA 取值位于第 1 百分位组，代表低资本积累动机组的分组回归结果；列（2）和列（4）属于资本积累率 RCA 取值位于第 4 百分位组，代表高资本积累动机组的分组回归结果。列（1）的 Finstock 系数显著为负，列（2）的 Finstock 系数为负但不显著；事实上，代表较低资本积累率的第 2 百分位组 Finstock 系数显著为负，而代表较高资本积累率组的第 3 百分位组 Finstock 系数为负但不显著（未报告）。这表示考虑不同上市公司在同一年度上的截面异质性后，金融化存量与企业价值的负相关关系仍然主要体现在低和较低资本积累动机组，即上市公司并非出于资本积累动机配置金融资产时，增加金融资产配置比例将降低企业价值，支持假设 5 - 1。列（3）的 Finflow 系数显著为负，列（4）的 Fin-flow 系数为正但不显著；事实上，代表较低资本积累率的第 2 百分位组

Finflow 系数为负但不显著，而代表较高资本积累率组的第 3 百分位组 *Finflow* 系数显著为正（未报告）。这表示考虑不同上市公司在同一年度上的截面异质性后，金融化流量与企业价值的负相关关系仍然主要体现在低资本积累动机组，而金融化流量与企业价值的正相关关系体现在较高资本积累动机组，支持假设 5 – 3。

5.4.4　金融化对企业价值影响的调节效应检验

本小节讨论金融化的存量和流量指标 *Finstock* 和 *Finflow* 对 *REVA* 的边际效应是否会受到其他因素的影响，如果会产生影响，称这个因素为调节变量 *M*（moderator）。由于现有关于企业价值影响因素的文献主要集中于研究金融资产配置比例的影响机制，本书也只讨论 *M* 在 *Finstock* 对 *REVA* 影响中是否发挥调节效应。如 *M* 与 *Finstock* 交乘项的回归系数与 *Finstock* 的系数符号相同，则说明 *M* 产生同向调节效应，*Finstock* 对 *REVA* 的边际影响会随着 *M* 的提高而增强；反之，说明 *M* 产生逆向调节效应，*Finstock* 对 *REVA* 的边际影响会随着 *M* 的提高而减弱。

在模型（5 – 1）中引入融资约束程度与金融化存量 *Finstock* 的交乘项，检验在金融化对企业价值的影响中，融资约束程度是否发挥调节效应（见表 5 – 7）。本书借鉴哈德洛克和皮尔斯（Hadlock & Pierce，2010）构建的 *SA* 指数来度量融资约束程度，$SA = -0.737 \times \ln TA + 0.043 \times \ln TA^2 - 0.04 \times IPOage$，其取值越高代表企业面临的融资约束程度越严重。

$$REVA_{i,t} = \alpha_0 + \alpha_1 Finstock_{i,t} + \alpha_2 SA_{i,t} + \alpha_3 SA_{i,t} \cdot Finstock_{i,t}$$

$$\sum \Phi Controls_{i,t} + \sum YearDummy + \sum SicdaDummy$$

$$+ \varepsilon_{i,t} \qquad (5-2)$$

表 5 –7　　　　　　　　　融资约束对金融化边际影响的调节效应分析

变量	(1) 全样本 POLS 回归	(2) 低资本积累组 POLS 回归	(3) 低资本积累组 FE 回归	(4) 高资本积累组 POLS 回归	(5) 高资本积累组 FE 回归
$SA_{i,t}$	-0.003 (-0.86)	-0.001 (-0.10)	0.018 (0.56)	0.006 (1.44)	0.027 *** (3.40)

续表

变量	（1）全样本 POLS 回归	（2）低资本积累组 POLS 回归	（3）低资本积累组 FE 回归	（4）高资本积累组 POLS 回归	（5）高资本积累组 FE 回归
$Finstock_{i,t}$	-0.256 *** (-4.92)	-0.362 ** (-2.04)	-1.484 *** (-4.48)	-0.061 (-1.00)	0.011 (0.08)
$SA_{i,t} \cdot Finstock_{i,t}$	-0.064 *** (-4.78)	-0.085 * (-1.84)	-0.361 *** (-4.16)	-0.021 (-1.30)	0.006 (0.18)
$Cfo_{i,t}$	0.032 *** (6.00)	-0.030 (-1.57)	0.004 (0.20)	0.085 *** (13.38)	0.054 *** (6.03)
$Lev_{i,t}$	-0.057 *** (-27.46)	-0.009 (-1.31)	-0.074 *** (-5.89)	-0.094 *** (-35.57)	-0.096 *** (-19.38)
$Roe_{i,t}$	0.598 *** (153.02)	0.752 *** (56.18)	0.684 *** (43.26)	0.500 *** (100.91)	0.480 *** (66.19)
$Tato_{i,t}$	-0.004 *** (-5.23)	-0.012 *** (-5.69)	-0.053 *** (-10.87)	0.003 *** (4.54)	0.005 *** (2.71)
$Agcost_{i,t}$	-0.034 *** (-13.24)	-0.055 *** (-9.08)	-0.037 *** (-5.39)	0.003 (0.80)	0.004 (0.96)
$Salesgr_{i,t}$	-0.006 *** (-3.92)	-0.034 *** (-6.81)	-0.012 ** (-2.32)	0.012 *** (7.39)	0.010 *** (5.16)
$ECR10_{i,t}$	0.000 (0.32)	0.000 (1.01)	-0.000 ** (-2.46)	-0.000 (-0.46)	-0.000 ** (-2.56)
$Statown_{i,t}$	0.001 (0.28)	0.000 (0.03)	-0.027 ** (-2.30)	0.004 (1.62)	-0.004 (-0.97)
$IPOage_{i,t}$	0.000 (0.25)	0.001 (1.30)		0.000 (1.57)	
$Size_{i,t}$	0.000 (1.41)	0.002 * (1.80)	0.029 *** (8.05)	0.001 (1.60)	-0.001 (-0.39)
$M2_t$	-0.004 *** (-5.93)	-0.012 *** (-5.49)	-0.006 *** (-2.61)	0.001 ** (2.12)	0.000 (0.58)
$Agginv_t$	0.002 *** (6.79)	0.006 *** (6.76)	0.004 *** (4.56)	-0.001 *** (-2.65)	-0.000 (-0.73)
$Constant$	-0.018 (-1.28)	-0.023 (-0.50)	-0.353 *** (-2.93)	-0.010 (-0.54)	0.108 ** (2.35)

续表

变量	（1） 全样本 POLS 回归	（2） 低资本积累组 POLS 回归	（3） 低资本积累组 FE 回归	（4） 高资本积累组 POLS 回归	（5） 高资本积累组 FE 回归
时间虚拟变量	是	是	是	是	是
行业虚拟变量	是	是	是	是	是
N	19 638	4 934	4 934	4 635	4 635
Adj_ R^2/ R^2_ within	0.653	0.512	0.536	0.818	0.714
F 值	535.967	77.128	54.436	312.690	101.747
P 值	0.000	0.000	0.000	0.000	0.000

注：括号中为 t 统计量；*、**、*** 分别表示 10%、5% 和 1% 的显著性水平；Adj_ R^2/ R^2_ within 表示列（1）、列（2）和列（4）的调整后的判定系数/列（3）和列（5）的组内判定系数。核心解释变量是金融化存量 *Finstock* 及其与 *SA* 的交乘项 *SA·Finstock*；其中，列（1）是全样本回归，列（2）和列（3）属于 RCA 取值位于第 1 百分位组，代表低资本积累动机组的分组回归，列（4）和列（5）属于 RCA 取值位于第 4 百分位组，代表高资本积累动机组的分组回归。

表 5-7 的核心解释变量是金融化存量 *Finstock*。其中，列（1）是采用混合 OLS 对全样本进行回归检验；列（2）和列（3）属于资本积累率 *RCA* 取值位于第 1 百分位组，代表低资本积累动机组的分组回归结果；列（4）和列（5）属于资本积累率 *RCA* 取值位于第 4 百分位组，代表高资本积累动机组的分组回归结果；为了验证结果的稳健性，同时采用混合 OLS [列（2）和列（4）] 以及固定效应 [列（3）和列（5）] 对模型（5-2）进行回归检验。列（1）中主效应项 *Finstock* 和交乘项 *SA·Finstock* 系数都显著为负，该结果与一次项模型（5-1）结论一致，即金融化存量 *Finstock* 对企业价值存在边际负向影响，交乘项系数与主效应项系数符号相同，说明 *SA* 对主效应产生同向调节，金融资产配置比例对企业价值的边际负向影响会随着融资约束程度的严重而增强，支持假设 5-2。从分样本回归结果来看，列（2）和列（3）中主效应项 *Finstock* 和交乘项 *SA·Finstock* 系数都显著为负，而列（4）和列（5）中主效应项和交乘项系数均不显著，说明融资约束程度 *SA* 对主效应产生同向调节主要体现在低资本积累动机组，再次验证了企业并非出于资本积累动机进行金融化时，金融资产配置比例的提高将抑制企业价值的增长，而融资约束程度越严重的企

业，这种抑制作用将愈加明显，支持假设 5 - 1 和假设 5 - 2。

5.5 稳健性检验

为检验上述实证分析结果的稳健性，以及再次验证提出的几点假设，本书进行的稳健性检验包括但不限于以下几个方面。

5.5.1 以标准化的 *EVA* 作为被解释变量

因不同角度对经济增加值的会计口径不同，本书采用管理会计和公司金融领域引用较多的方法构建两个 *EVA* 指标：*EVA*1 =（净利润 - 资本成本）/总资产，*EVA*2 =（净利润 + 财务费用 - 资本成本）/总资产，并分别替换被解释变量 REVA 对模型（5 - 1）和模型（5 - 2）重新进行 POLS 和 FE 回归，发现结论不变，假设 5 - 1、假设 5 - 2 和假设 5 - 3 都得到了有效支持。

5.5.2 替换分组变量检验

上文通过检验模型（5 - 2）中融资约束指数 *SA* 与金融化存量 *Finstock* 的交乘项系数的显著性，来检验 *SA* 是否属于调节变量。为检验上市公司面临的融资约束程度确实会在金融化对企业价值的影响中发挥调节效应，在稳健性检验中，通过将 *SA* 取值从低到高分为 4 个百分位组，取值最低和取值最高的第 1 百分位组和第 4 百分位组分别代表非融资约束组和融资约束组，对模型（5 - 1）重新进行分样本回归；并且，为防止单一度量指标所造成的分组偏差，另采用股利分配率 *Divrate*（等于每股现金股利/每股收益额）来度量融资约束程度，*Divrate* 越高代表上市公司面临的融资约束程度越轻，相反，*Divrate* 越低代表融资约束程度越严重。根据两个变量分组的分样本回归结果见表 5 - 8。另外，采用 *KZ* 指数（Kaplan & Zingales，1997）度量融资约束程度并进行分组检验，也不影响结论的稳健性。

表5-8   融资约束对金融化边际影响调节效应的稳健性检验

变量	(1) SA 非融资约束组	(2) SA 融资约束组	(3) Divrate 非融资约束组	(4) Divrate 融资约束组
$Finstock_{i,t}$	0.010 ** (1.99)	-0.018 (-1.49)	0.005 * (1.78)	-0.029 *** (-2.58)
$Cfo_{i,t}$	0.063 *** (7.83)	-0.007 (-0.60)	0.043 *** (11.26)	0.037 ** (2.46)
$Lev_{i,t}$	-0.047 *** (-15.51)	-0.077 *** (-16.26)	-0.048 *** (-33.00)	-0.039 *** (-7.22)
$Roe_{i,t}$	0.526 *** (96.16)	0.713 *** (73.48)	0.594 *** (154.48)	0.625 *** (71.80)
$Tato_{i,t}$	0.001 * (1.75)	-0.005 ** (-2.28)	0.001 * (1.75)	-0.003 * (-1.83)
$Agcost_{i,t}$	-0.007 * (-1.66)	-0.073 *** (-14.74)	-0.009 *** (-2.88)	-0.033 *** (-7.33)
$Salesgr_{i,t}$	-0.006 *** (-2.79)	-0.008 *** (-2.69)	0.008 *** (7.42)	-0.024 *** (-6.59)
$ECR10_{i,t}$	-0.000 ** (-2.05)	0.000 *** (4.14)	0.000 (0.73)	0.000 (0.01)
$Statown_{i,t}$	0.001 (0.33)	0.008 * (1.92)	0.000 (0.08)	-0.009 (-1.23)
$IPOage_{i,t}$	-0.000 ** (-2.30)	0.000 (0.47)	0.000 * (1.86)	0.001 *** (3.91)
$Size_{i,t}$	0.001 (1.31)	0.000 (0.20)	-0.001 ** (-2.51)	0.004 *** (4.49)
$M2_t$	-0.002 ** (-2.23)	-0.002 ** (-2.18)	-0.000 (-0.79)	-0.010 *** (-5.62)
$Agginv_t$	0.001 ** (2.26)	0.001 *** (2.62)	0.000 (0.08)	0.005 *** (7.03)
$Constant$	-0.014 (-0.90)	-0.021 (-1.24)	-0.014 ** (-2.38)	-0.078 *** (-3.05)
时间虚拟变量	是	是	是	是

变量	(1) SA 非融资约束组	(2) SA 融资约束组	(3) Divrate 非融资约束组	(4) Divrate 融资约束组
行业虚拟 变量	是	是	是	是
N	5 195	4 033	4 780	5 156
R^2	0.741	0.710	0.912	0.589
Adj_ R^2	0.738	0.706	0.911	0.584
F 值	225.634	149.712	753.609	110.519
P 值	0.000	0.000	0.000	0.000

　　注：括号中为 t 统计量；＊、＊＊、＊＊＊分别表示 10%、5% 和 1% 的显著性水平；Adj_ R^2 表示调整后的判定系数。核心解释变量是金融化存量 Finstock，其中，列（1）和列（2）分别是按照 SA（Hadlock 和 Pierce，2010）取值从低到高位于第 1 百分位组的非融资约束组和第 4 百分位组的融资约束组；列（3）和列（4）分别是按照股利分配率 Divrate 取值从低到高位于第 4 百分位组的非融资约束组和第 1 百分位组的融资约束组。

　　表 5 - 8 的核心解释变量是金融化存量 Finstock。从列（1）和列（3）的回归结果看，不论是通过 SA 分组还是通过 Divrate 分组，Finstock 的系数均显著为正，这说明当上市公司不面临融资约束时，适度增加金融资产配置比例对企业价值具有促进作用，这从一个侧面证明了一些文献得到"金融化必然抑制企业价值"的结论是依据一定条件成立的。从列（2）和列（4）的回归结果看，不论是通过 SA 分组还是通过 Divrate 分组，Finstock 的系数均显著为负，这说明当公司面临融资约束时，金融资产配置比例的增加对企业价值具有抑制作用。换言之，融资约束加剧了金融化对实业投资的"挤出效应"，使企业价值受损，这与本书第 3 章的研究结论一致，也从另一个角度支持假设 5 - 2，融资约束将发挥调节作用，金融资产配置比例的过度增长将抑制企业价值，而融资约束程度越严重的企业，这种抑制作用将愈加明显。

5.5.3　替换核心解释变量

　　微观金融化的定义及其程度的界定，尚未形成一致的认识与度量方法，因而差异化的研究视角或测度方法极有可能产生不同的研究结论。本书构建的金融化存量指标 Finstock 采取的是狭义金融资产口径（Demir，

2009）统计方法，其中，"投资性房地产"与其他金融资产差异较大：投资周期长、流动性弱、信息不对称程度高等，因此从 *Finstock* 的分子中扣除"投资性房地产"，再进行稳健性检验。在总样本回归中，新的 *Finstock* 一次项显著为负，支持前期文献认为金融化抑制企业价值的观点；在关于资本积累动机的分样本回归中，低资本积累率组中新的 *Finstock* 与 *REVA* 或 *EVA* 显著负相关，而高资本积累率组中新的 *Finstock* 与 *REVA* 或 *EVA* 显著正相关，支持假设 5 - 1；在关于市场套利动机的分样本回归中，高金融收益或亏损贡献率组中新的 *Finstock* 与 *REVA* 或 *EVA* 显著负相关，而低金融收益贡献率组中新的 *Finstock* 与 *REVA* 或 *EVA* 显著正相关，支持假设 5 - 3，结论稳健。

5.5.4 变换实证研究方法回归检验

借鉴彼得森（Petersen，2009）的做法，控制年度虚拟变量和在公司层面进行 Cluster 处理，重新对模型（5 - 1）进行总样本回归；在不同上市公司截面特征存在较大异方差的情形下，为获得稳健的标准误，采用 500 次 Bootstrap 进行估计；以及为规避其他解释变量出现衡量偏误对金融化变量系数估计的影响，进行一阶差分，重新对模型（5 - 1）进行分样本回归，本书的结论都大体得到了支持。

5.6　本章小结

自 2013 年起我国全社会固定资产投资增速出现放缓迹象，并从 2015 年起重回个位数增速。而与此形成对比的是，金融市场的交易规模维持在高位而企业金融化配置的金融资产比例以及金融收益贡献率却连年攀升，企业金融化对企业价值一定具有抑制作用吗？本书以 2007 ~ 2018 年沪深 A 股非金融（含非房地产）上市公司的年度数据为样本，从微观金融化的视角研究金融化与企业价值的关系。实证发现：金融化对企业价值的抑制作用是依赖一定条件产生的，这主要取决于企业金融化的动机，"良性动机"

下的适度金融化将对企业价值增长产生良性影响，"劣性动机"下的无节制金融化将对企业价值增长产生劣性影响。"良性动机"指的是"资本积累动机"，当上市公司并非出于资本积累动机配置金融资产时，增加金融资产配置比例对企业价值具有负向抑制作用；而当公司出于资本积累动机配置金融资产时，增加金融资产配置比例对企业价值具有正向提升作用。"劣性动机"指的是"市场套利动机"，当上市公司出于"市场套利动机"金融化时，增加金融资产配置比例对企业价值具有负向抑制作用；而当公司并非出于"市场套利动机"金融化时，增加金融资产收益对企业价值具有正面提升作用。另外，上市公司面临的融资约束程度在金融化对企业价值的边际影响中发挥调节效应，融资约束程度越严重时，金融资产配置比例的提高对企业价值的抑制作用愈加明显。通过混合 OLS 和固定效应等方法进行回归检验，结果都支持了结论。

本章得出与"金融化必然抑制企业价值"差异化的观点，是出于以下几点原因：第一，在被解释变量的构建上，许多研究企业价值影响因素的文献以 Tobin's Q 值作为企业价值的代理变量，但不讨论该指标的适用条件和合理性。而本书比较了目前理论界和实务界应用的主要企业价值评估方法，认为经济增加值 EVA 指标是基于股东财富来源于价值创造的假设，与企业经营和投资的价值最大化目标一致，能更准确地反映企业的经营效率和价值创造。第二，在核心解释变量的构建上，在金融资产配置比例这个存量指标 *Finstock* 的基础上，创新性地增加了反映金融化收益及其带来的内源性现金增加的流量指标 *Finflow*。第三，本章深入分析了上市公司金融化的动机，并构建度量不同动机的指标采用分样本回归，从实证方法上缓解了反向因果关系对回归结果带来的偏差，并抓住了金融化的出发点和落脚点分情况讨论，避免了"一刀切"式的片面结论。

为了摆脱中国上市公司"脱实向虚、舍本逐末"式的短视化增长模式，提高实业经营和投资效率，促进企业价值的创造和不断增长，企业管理层和政府相关部门可以采取一定的政策措施。从企业角度，管理层应首先明确主营业务和金融业务之间的主次关系，在目标导向的现代公司治理架构下，管理层应将获取金融投资收益的目的定位于资本积累，为扩大主业经营和投资规模提供稳定的资金；其次，在具体的投资决策过程中，应合理配置金融资产在总资产中的占比，适度的金融资产配置比例以不挤占经营性资产的发展空间为宜；最后，适时地参与金融市场博弈可以缓解企业面临的融资约束，但以市场套利为目的的金融化会将企业经营置于巨大风险中，有损于企业价值的长期增长。从政府角度，应继续深入推进利率市场化改革和多层次资本市场建设，为企业进行直接融资提供多渠道、灵活性的解决方案；强化银行业和资本市场监管，防范和化解系统性金融风险，为企业提供保障实体经济发展的制度环境。

第6章　研究结论与政策建议

6.1　研究结论

在金融市场高速发展、金融业增加值对 GDP 贡献率不断上升的宏观金融化趋势下，从微观视角研究企业金融化形成的根本动因及其带来的影响，具有很强的理论和现实意义。中国金融周期的繁荣和信贷扩张使得非金融企业的杠杆率大幅上升，推高了包括金融资产和房地产等在内的一系列资产价格，这又进一步激励非金融企业增加对金融资产的配置，使得企业金融化形成不可逆转之势。本书从狭义统计口径出发，将金融化界定为非金融企业持有更多金融资产和利润更多来源于金融收益两个方面，并将来源于资产负债表的金融资产配置比例作为度量金融化的存量指标，而将来源于现金流量表的金融收益的贡献率作为金融化的流量指标。以 2007～2018 年沪深 A 股非金融（含非房地产）上市公司的年度数据为样本，结合企业金融化的动机，实证研究了金融化与实业投资率、投资效率和企业价值的关系，得到以下结论。

第一，企业金融化不一定会对实业投资产生"挤出效应"，金融化的相关效应是依赖一定条件而产生的。基于信息不对称理论和融资约束理论，本书从投资的资金需求和资金供给两个角度构建公司的投融资约束条件，并在新古典经济学追求个体最优的理论框架下，推导了投资决定因素函数，其中包括公司财务因素和宏观经济因素。实证研究发现，金融化存量会对当期实业投资产生"挤出效应"，且主要发生在融资约束公司；而金融化流量会对下期实业投资产生"蓄水池效应"，且主要发生在非融资约束公司。本书采取了多种估计方法，均证实了这一结论。在调节效应分析中，"挤出效应"会随着公司规模的缩小和国有股持有比例的提高而增强，这从一个侧面反映出小规模公司更倾向于追逐短期资本收益的现象和国有企业的代理成本高企的问题。随着 M2 增速的提升，"挤出效应"增强，说明宽松的货币政策未能灌溉实业投资，却激励公司进行金融投资，这反映出金融化并非实业投资率下降的直接原因，而很可能是由于货币政策传导机制不畅导致的经济脱实向虚。在稳健性检验中，本书证明了金融化的"挤出效应"并不会持续，公司仍然会回归主业，提升实业投资才是谋求股东价值最大化的终极追求。

第二，企业金融化对投资效率而言是把"双刃剑"，金融化与投资效率之间呈 U 形关系。适度的金融化能提高投资效率，但这种边际正向影响会随着金融化程度趋近拐点而递减，当金融化资产持有比例或金融资产收益率漫过拐点，投资效率会随着金融化程度的提高而降低，且民营企业中的 U 形关系比国有企业明显。其原因可能在于，适度的金融化能以金融资产的高流动性和可撤销性特点有效缓解企业的融资约束，提高企业投资效率；而过度的金融化则会由于超额的金融收益改变管理层的投资优序而挤压正 NPV 项目，投资选择和决策更加盲目，使得非效率投资增加，投资效率下降。另外，U 形关系主要体现在过度投资的企业，原因在于，金融收益对下期实业投资的"蓄水池效应"提升企业的内部融资能力与投资的抗风险能力而提升企业投资效率，但过度的金融资产收益会使管理层的投资更冲动盲目，最终降低投资效率。

第三，企业金融化对企业价值的抑制作用是依赖一定条件产生的，这主要取决于企业金融化的动机。"良性动机"下的适度金融化将对企业价值增长产生良性影响，"劣性动机"下的无节制金融化将对企业价值增长产生劣性影响。"良性动机"指的是"资本积累动机"，当上市公司并非出于资本积累动机配置金融资产时，增加金融资产配置比例对企业价值具有负向抑制作用；而当公司出于资本积累动机配置金融资产时，增加金融资产配置比例对企业价值具有正向提升作用。"劣性动机"指的是"市场套利动机",当上市公司出于"市场套利动机"金融化时,增加金融资产配置比例对企业价值具有负向抑制作用;而当公司并非出于"市场套利动机"金融化时,增加金融资产收益对企业价值具有正面提升作用。另外,上市公司面临的融资约束程度在金融化对企业价值的边际影响中发挥调节效应,融资约束程度越严重时,金融资产配置比例的提高对企业价值的抑制作用越明显。

面对"金融化一定会挤出实业投资吗?金融化一定会降低企业投资效率吗?金融化对企业价值一定具有抑制作用吗?"的一系列设问,本书通过多种实证研究方法给出了不同的答案,主要理论依据和采用的实证研究方法包括以下几种。

整体理论框架是基于新古典经济学追求价值最大化而构建的,主要理论依据是信息不对称理论和融资约束理论。在第 3 章中,不仅从公司投资决策的资金需求角度看待金融化与实业投资的此消彼长,而且从投资的资金需求和供给两个角度分析两者的均衡关系。在第 4 章中,基于剩余收益估值框架,构建了度量投资机会的复合指标 V/M,既能反映权益市场价值的信息,又能反映企业营运资产价值的信息。在第 5 章中,基于经济增加值理论构建了 $REVA$ 指标,是基于股东财富来源于价值创造的假设,与企业经营和投资的价值最大化目标一致,能更准确地反映企业的经营效率和价值创造;基于优序融资理论和权衡理论研究了企业出于资本积累动机抑或市场套利动机时,金融化对企业价值的差异性影响。

估计方法上,采用了传统的混合 OLS 回归、固定效应(FE)回归、一阶差分(FD)回归、差分广义矩估计(FD-GMM)等方法验证实证结果的稳健性。在第 3 章中,考虑了实业投资在连续时间上的相关性及各公司在同一年度上的组间异质性,进而采用以解释变量的滞后项作为工具变量的差分 GMM 方法,以及进行分组回归,这都缓解了内生性问题对估计结果造成的可能偏误。在第 4 章中,借鉴理查德森(Richardson,2006)构建新增投资支出决定因素模型,采用固定效应估计方法计算拟合值和残差,并从全样本、投资过度组和投资不足组分别检验金融化与非效率投资之间的非线性关系和调节效应；继而在回归模型中加入金融化存量指标和流量指标的二次项验证 U 形关系的假设，并计算各变量定义域中拐点的取值，避免"伪 U 形关系"陷阱。在第 5 章中，为深入分析金融化动机不同对金融化影响带来的差异，构建了度量"资本积累动机"和"市场套利动机"的指标并采用分样本回归，从实证方法上缓解了反向因果关系对回归结果带来的偏差，并抓住了金融化的出发点和落脚点分情况讨论，避免了"一刀切"式的片面结论。

本书在缺乏微观金融化相关参考文献的基础上展开研究，存在诸多不足：首先，关于微观金融化尚未形成统一的度量标准，而不同的度量方法将影响金融化内涵与外延的界定，并改变实证研究的结论。其次，本书各章节实证模型中的控制变量侧重于财务报表中的会计显性指标，未充分考虑公司治理变量如董事会结构、大股东掏空、管理层帝国建造等对投资效率的影响，也未区分宏观经济趋势因素和周期因素对投资效率的影响。最后，在第 5 章的回归模型中采用的是同期解释变量，尤其是金融化存量指标和被解释变量进行 OLS 回归时，难以排除双向因果效应。

6.2　政策建议

结合实证研究结论，本书从企业和政府两个方面提出以下启示和建议。

站在企业角度，第一，应不断增加资本积累，并拓展多元化股权结构。规模越小、国有股持有比例越高的上市公司"挤出效应"越强，这一定程度上说明了相较于大规模企业和民营企业，小企业和国有控股企业的投资效率不高，管理层更易犯短视投资的错误。因此，企业应在经营中不断积累资本，秉承"先做大，再做强"的发展原则，并适度引进多元化投资者，避免国有股份"一股独大"。

第二，更好地发挥金融收益对实业投资和企业价值增值的"蓄水池效应"。管理层在具体的投资决策中，应合理配置金融资产在总资产中的占比，控制好金融资产配置比例和参与资本市场及房地产市场的时机。"适时适度"是指金融资产以不挤占经营性资产的发展空间为宜，参与市场博弈以在企业风险管控范围内且做好信息披露为宜。

第三，清晰定位金融化的"良性动机"，为企业价值提供内生增长动力。管理层应首先明确主营业务和金融业务之间的主次关系，在目标导向的现代公司治理架构下，管理层应将获取金融投资收益的目的定位于资本积累而非市场套利，为扩大主业经营和投资规模提供更充沛的内源性资金供给。

站在政府角度，第一，提高货币政策和金融改革的针对性和实施效率，谨防"大水漫灌"。宽松的货币政策要能够灌溉实业投资，而非单纯推高金融资产和房地产价格，这需要更多精准化、结构性的货币政策手段，而非简单增发货币所能实现。应继续深入推进利率市场化改革和多层次资本市场建设，为企业进行直接融资提供多渠道、灵活性的解决方案；强化银行业和资本市场监管，防范和化解系统性金融风险，为企业提供保障实体经济发展的制度环境。

第二，应加强资本市场监管，约束企业的过度金融化，加强信息披露，防范系统性风险。企业金融化以回报率高、周期短、流动性强等优于实体产业投资的金融特质，令企业改变投融资意向。在企业适时适度参与资本市场交易时，相关监管机构应加强履行信息披露监督义务，提高市场的公开透明度，让企业金融化的风险通过市场波动及时化解，对于企业的过度金融投资行为，要进行制度性约束和逐步建立强有效的市场禁入和退市制度。

第三，营造良好的制度环境，激励企业技术创新，增强实业投资意愿。相关政府机构应鼓励企业有效发挥金融化缓解融资约束的优势，发挥金融化在企业资本结构配置和融资渠道拓宽方面的积极作用，让金融化的"蓄水池效应"缓解企业的研发投入压力，并提供良好制度环境激发企业技术创新的内在动力，促进企业从低端向高端制造业转型升级，提升实业投资回报率，实现企业投资效率均衡化，提升企业价值，最终实现中国实体经济的健康持续发展。

参考文献

［1］蔡明荣，任世驰．企业金融化：一项研究综述［J］．财经科学，2014（7）：41-51.

［2］蔡则祥，王家华，杨凤春．中国经济金融化指标体系研究［J］．南京审计学院学报，2004（1）：49-54.

［3］陈波．经济金融化：涵义、发生机制及影响［J］．复旦学报（社会科学版），2018，60（5）：159-169.

［4］陈德萍，陈永圣．股权集中度、股权制衡度与公司绩效关系研究——2007~2009年中小企业板块的实证检验［J］．会计研究，2011（1）：38-43.

［5］成思危．警惕中国经济虚热［J］．北大商业评论，2013（5）：25-29.

［6］陈运森，谢德仁．网络位置、独立董事治理与投资效率［J］．管理世界，2011（7）：113-127.

［7］池国华，王志，杨金．EVA考核提升了企业价值吗？——来自中国国有上市公司的经验证据［J］．会计研究，2013（11）：60-66，96.

［8］池国华，杨金，张彬．EVA考核提升了企业自主创新能力吗？——基于管理者风险特质及行业性质视角的研究［J］．审计与经济研究，2016，31（1）：55-64.

［9］初海英．国有资本投资效率的增长效应分析［J］．统计与决策，2019，35（6）：143-145.

［10］崔超．上市公司金融化的财务影响研究［D］．北京：北京科技

大学, 2016.

[11] 杜勇, 张欢, 陈建英. 金融化对实体企业未来主业发展的影响: 促进还是抑制 [J]. 中国工业经济, 2017 (12): 113 – 131.

[12] 冯巍. 内部现金流量和企业投资——来自我国股票市场上市公司财务报告的证据 [J]. 经济科学, 1999 (1): 52 – 58.

[13] 郭丽婷. 企业金融化、融资约束与创新投资——基于中国制造业上市公司的经验研究 [J]. 金融与经济, 2018 (5): 57 – 62.

[14] 何金耿, 丁加华. 上市公司投资决策行为的实证分析 [J]. 证券市场导报, 2001 (9): 44 – 47.

[15] 胡奕明, 王雪婷, 张瑾. 金融资产配置动机: "蓄水池" 或 "替代"?——来自中国上市公司的证据 [J]. 经济研究, 2017, 52 (1): 181 – 194.

[16] 姜宝强, 毕晓方. 超额现金持有与企业价值的关系探析——基于代理成本的视角 [J]. 经济与管理研究, 2006 (12): 49 – 55.

[17] 靳庆鲁, 孔祥, 侯青川. 货币政策、民营企业投资效率与公司期权价值 [J]. 经济研究, 2012, 47 (5): 96 – 106.

[18] 鞠晓生, 卢荻, 虞义华. 融资约束、营运资本管理与企业创新可持续性 [J]. 经济研究, 2013, 48 (1): 4 – 16.

[19] 赖明发, 陈维韬, 郑开焰. 国有企业融资优势与投资效率背离之谜——基于产权与产业的比较分析 [J]. 经济问题, 2019 (5): 58 – 66.

[20] 李静, 韩维芳, 刘念. 投资效率研究文献综述 [J]. 财会月刊, 2016 (10): 113 – 115.

[21] 李明玉. 金融化必然抑制企业价值增长吗?——基于中国 A 股非金融上市公司的实证分析 [J]. 企业经济, 2020 (10): 146 – 156.

[22] 李维安, 马超. "实业 + 金融" 的产融结合模式与企业投资效率——基于中国上市公司控股金融机构的研究 [J]. 金融研究, 2014 (11): 109 – 126.

[23] 连玉君, 程建. 投资—现金流敏感性: 融资约束还是代理成本?

[J]．财经研究，2007（2）：37－46．

　　[24] 廖理，方芳．管理层持股、股利政策与上市公司代理成本 [J]．统计研究，2004（12）：27－30．

　　[25] 列宁．帝国主义是资本主义发展的最高阶段 [M]．北京：人民出版社，2020．

　　[26] 刘东．企业多元化经营的正负面效应分析 [J]．东南大学学报（哲学社会科学版），2008（S1）：62－64．

　　[27] 刘笃池，贺玉平，王曦．企业金融化对实体企业生产效率的影响研究 [J]．上海经济研究，2016（8）：74－83．

　　[28] 刘凤委，李琦．市场竞争、EVA 评价与企业过度投资 [J]．会计研究，2013（2）：54－62，95．

　　[29] 刘贯春，张军，刘媛媛．金融资产配置、宏观经济环境与企业杠杆率 [J]．世界经济，2018，41（1）：148－173．

　　[30] 刘海英，何彬，张纯洪．金融危机下中国流动性过剩产生的实证研究 [J]．北华大学学报（社会科学版），2009，10（5）：10－14．

　　[31] 刘小玄，周晓艳．金融资源与实体经济之间配置关系的检验——兼论经济结构失衡的原因 [J]．金融研究．2011（2）：57－70．

　　[32] 刘银国，高莹，白文周．股权结构与公司绩效相关性研究 [J]．管理世界，2010（9）：177－179．

　　[33] 栾天虹，袁亚冬．企业金融化、融资约束与资本性投资 [J/OL]．南方金融：2019－04－29（1－9）．

　　[34] 栾文莲．金融化加剧了资本主义社会的矛盾与危机 [J]．世界经济与政治，2016（7）：21－33，156－157．

　　[35] 鲁道夫·希法亭（Rudolf Hilferding）．金融资本——资本主义最新发展的研究 [M]．北京：商务印书馆，1994．

　　[36] 罗杰·莫林（Roger A. Morin），谢丽·杰瑞尔（Sherry L. Jarrell）．公司价值 [M]．北京：企业管理出版社，2002．

　　[37] 罗能生，罗富政．改革开放以来我国实体经济演变趋势及其影响因素研究 [J]．中国软科学，2012（11）：19－28．

［38］罗琦．银企关系与投资——现金流敏感度：来自日本的经验证据［J］．统计与决策，2007（16）：115-117．

［39］饶育蕾，汪玉英．中国上市公司大股东对投资影响的实证研究［J］．南开管理评论，2006（5）：67-73．

［40］石良平，叶慧．中国转轨经济增长中的金融约束分析（上）［J］．社会科学，2003（6）：5-11．

［41］宋军，陆旸．非货币金融资产和经营收益率的 U 形关系——来自中国上市非金融公司的金融化证据［J］．金融研究，2015（6）：111-127．

［42］苏冬蔚．多元化经营与企业价值：我国上市公司多元化溢价的实证分析［J］．经济学（季刊），2005（S1）：135-158．

［43］托马斯·I.帕利，房广顺，车艳秋，徐明玉．金融化：涵义和影响［J］．国外理论动态，2010（8）：8-20．

［44］王桂花，彭建宇．高管激励、会计稳健性与投资效率［J］．当代财经，2019（7）：130-139．

［45］王红建，曹瑜强，杨庆，杨筝．实体企业金融化促进还是抑制了企业创新——基于中国制造业上市公司的经验研究［J］．南开管理评论，2017，20（1）：155-166．

［46］王华，黄之骏．经营者股权激励、董事会组成与企业价值——基于内生性视角的经验分析［J］．管理世界，2006（9）：101-116，172．

［47］王立国，鞠蕾．地方政府干预、企业过度投资与产能过剩：26个行业样本［J］．改革，2012（12）：52-62．

［48］王永钦，高鑫，袁志刚，杜巨澜．金融发展、资产泡沫与实体经济：一个文献综述［J］．金融研究，2016（5）：191-206．

［49］吴超鹏，吴世农，程静雅，王璐．风险投资对上市公司投融资行为影响的实证研究［J］．经济研究，2012，47（1）：105-119，160．

［50］彭文生．从金融周期角度看宏观政策框架［N］．金融时报，2018-01-17（002）．

［51］彭俞超，韩珣，李建军．经济政策不确定性与企业金融化［J］．中国工业经济，2018（1）：137-155．

［52］彭俞超，倪骁然，沈吉．企业"脱实向虚"与金融市场稳定——基于股价崩盘风险的视角［J］．经济研究，2018，53（10）：50－66.

［53］饶育蕾，汪玉英．中国上市公司大股东对投资影响的实证研究［J］．南开管理评论，2006（5）：67－73.

［54］王善平，李志军．银行持股、投资效率与公司债务融资［J］．金融研究，2011（5）：184－193.

［55］魏明海，柳建华．国有企业分红、治理因素与过度投资［J］．管理世界，2007（4）：88－95.

［56］夏宁，蓝梦，宁相波．EVA考核，研发费用管理与央企创新效率［J］．系统工程理论与实践，2019，39（8）：2038－2048.

［57］谢家智，王文涛，江源．制造业金融化、政府控制与技术创新［J］．经济学动态，2014（11）：78－88.

［58］辛清泉，林斌．债务杠杆与企业投资：双重预算软约束视角［J］．财经研究，2006（7）：73－83.

［59］许圣道，王千．基于全象资金流量观测系统的虚拟经济与实体经济的协调监管思路［J］．中国工业经济，2007（5）：13－21.

［60］喻坤，李治国，张晓蓉，徐剑刚．企业投资效率之谜：融资约束假设与货币政策冲击［J］．经济研究，2014，49（5）：106－120.

［61］许罡，伍文中．经济政策不确定性会抑制实体企业金融化投资吗［J］．当代财经，2018（9）：114－123.

［62］徐玉德，周玮．不同资本结构与所有权安排下的投资效率测度——来自中国A股市场的经验证据［J］．中国工业经济，2009（11）：131－140.

［63］谢佩洪，汪春霞．管理层权力、企业生命周期与投资效率——基于中国制造业上市公司的经验研究［J］．南开管理评论，2017，20（1）：57－66.

［64］辛清泉，林斌，王彦超．政府控制、经理薪酬与资本投资［J］．经济研究，2007（8）：110－122.

［65］严武，李明玉．企业金融化一定会挤出实业投资吗［J］．当代财经，2020（7）：63－75.

［66］杨华军，胡奕明．制度环境与自由现金流的过度投资［J］．管理世界，2007（9）：99 – 106，116，172.

［67］姚颐，刘志远，王健．股权分置改革、机构投资者与投资者保护［J］．金融研究，2007（11）：45 – 56.

［68］叶初升．经济全球化、经济金融化与发展经济学理论的发展［J］．世界经济与政治，2003（10）：49 – 54，6.

［69］易纲．再论中国金融资产结构及政策含义［J］．经济研究，2020，55（3）：4 – 17.

［70］于蔚，金祥荣，钱彦敏．宏观冲击、融资约束与公司资本结构动态调整［J］．世界经济，2012，35（3）：24 – 47.

［71］曾海舰，苏冬蔚．信贷政策与公司资本结构［J］．世界经济，2010，33（8）：17 – 42.

［72］张成思．金融化的逻辑与反思［J］．经济研究，2019，54（11）：4 – 20.

［73］张成思，刘贯春．中国实业部门投融资决策机制研究——基于经济政策不确定性和融资约束异质性视角［J］．经济研究，2018，53（12）：51 – 67.

［74］张成思，张步昙．再论金融与实体经济：经济金融化视角［J］．经济学动态，2015（6）：56 – 66.

［75］张成思，张步昙．中国实业投资率下降之谜：经济金融化视角［J］．经济研究，2016，51（12）：32 – 46.

［76］张成思，郑宁．中国实业部门金融化的异质性［J］．金融研究，2019（7）：1 – 18.

［77］张纯，吕伟．信息环境、融资约束与现金股利［J］．金融研究，2009（7）：81 – 94.

［78］张慕濒，孙亚琼．金融资源配置效率与经济金融化的成因——基于中国上市公司的经验分析［J］．经济学家，2014（4）：81 – 90.

［79］张慕濒，诸葛恒中．全球化背景下中国经济的金融化：涵义与实证检验［J］．世界经济与政治论坛，2013（1）：122 – 138.

［80］张新．中国经济的增长和价值创造［M］．上海：三联出版社，2003．

［81］张翼，李辰．股权结构、现金流与资本投资［J］．经济学（季刊），2005（4）：229－246．

［82］张昭，朱峻萱，李安渝．企业金融化是否降低了投资效率［J］．金融经济学研究，2018，33（1）：104－116．

［83］朱松，杨丹．持有金融机构股份与企业资金配置效率［J］．南京审计学院学报，2015，12（3）：14－25．

［84］朱武祥，宋勇．股权结构与企业价值——对家电行业上市公司实证分析［J］．经济研究，2001（12）：66－72，92．

［85］Akerlof G. A.. The Market for "Lemon"：Quality Uncertainty and The Market Mechanism［J］. Quarterly Journal of Economics，1970，84（3）：488－500.

［86］Almeida H.，Campello M.，Weisbach M.. The Cash Flow Sensitivity of Cash［J］. The Journal of Finance，2004，59（4）：1777－1804.

［87］Alstadsaeter A.，Jacob M.，Michaely R.. Do Dividend Taxes Affect Corporate Investment?［J］. Journal of Public Economics，2017，151（2）：74－83.

［88］Alti A.. How Sensitive Is Investment to Cash Flow When Financing Is Frictionless?［J］. The Journal of Finance，2003，58（2）：707－722.

［89］Arellano M.，Bond S.. Some Tests of Specification for Panel Data：Monte Carlo Evidence and an Application to Employment Equations［J］. The Review of Economic Studies，1991，58（2）：277－297.

［90］Arestis P.，Luintel A. D.，Luintel K. B.. Does Financial Structure Matter?［R］. The Levy Economics Institute Working Paper，2004，399（1）.

［91］Arrighi G.. The Long Twentieth Century：Money，Power and the Origins of Our Times［M］. London：Verso，1994：97－110.

［92］Assa J.. Financialization and its Consequence：the OECD Experience［J］. Finance Research，2012，1（1）：35－39.

［93］ Balli H. O. , Sorensen B. E. . Interaction Effects in Econometrics ［J］. Empirical Economics, 2013, 45 (1): 583 – 603.

［94］ Baud C. , Durand C. . Financialization, Globalization and the Making of Profits by Leading Retailers ［J］. Socio-Economic Review, 2012, 10 (2): 241 – 266.

［95］ Baxter N. D. . Leverage, Risk of Ruin and the Cost of Capital ［J］. Journal of Finance, 1967, 22 (3): 395 – 403.

［96］ Beck T. , Degryse H. , Kneer C. . Is More Finance Better? Disentangling Intermediation and Size Effects of Financial Systems ［J］. Journal of Financial Stability, 2014 (10): 50 – 64.

［97］ Bernanke B. , Gertler M. . Agency Costs, Net Worth and Business Fluctuations ［J］. The American Economic Review, 1989, 79 (1): 14 – 31.

［98］ Bertrand M. , Mullainathan S. . Enjoying the Quiet Life? Corporate Governance and Managerial Preferences ［J］. Journal of Political Economy, 2003, 111 (5): 1043 – 1075.

［99］ Biddle G. C. , Chen P. , Zhang G. . When Capital Follows Profitability: Non-linear Residual Income Dynamics ［J］. Review of Accounting Studies, 2001, 6 (2): 229 – 265.

［100］ Biddle G. C. , Hilary G. , Verdi R. S. . How does Financial Reporting Quality Relate to Investment Efficiency? ［J］. Journal of Accounting and Economics, 2009, 48 (2 – 3): 112 – 131.

［101］ Bilbiie F. O. , Straub R. . Changes in the Output Euler Equation and Asset Markets Participation ［J］. Journal of Economic Dynamics and Control, 2012, 36 (11): 1659 – 1672.

［102］ Blanchard O. , Lopez-de-Siianesb F. , Shleifet A. . What do Firms do with Cash Windfalls? ［J］. Journal of Financial Economics, 1994, 36 (3): 337 – 360.

［103］ Bloom N. , Van Reenen J. . Measuring and Explaining Management Practices Across Firms and Countries ［J］. Quarterly Journal of Economics,

2007，122（4）：1351 – 1408.

［104］Bodnar G. M. ，Gregory S. H. ，Richard C. M. . 1955 Wharton Survey of Derivatives Usage by U. S. Non-Financial Firms ［J］. Financial Management，1996，25（4）：113 – 133.

［105］Bodnar G. M. ，Gregory S. H. ，Richard C. M. . 1998 Wharton Survey of Financial Risk Management by U. S. Non-Financial Firms ［J］. Financial Management，1998，27（4）：70 – 91.

［106］Cecchetti S. G. ，Kharroubi E. . Why Does Financial Sector Growth Crowd out Real Economic Growth? BIS Working Papers，2015（490）.

［107］Chang R. ，Velasco A. . Banks，Debt Maturity and Financial Crises ［J］. Journal of International Economics，2000，51（1）：169 – 194.

［108］Chang R. ，Velasco A. . Liquidity Crises in Emerging Markets：Theory and Policy ［C］//C. V. Starr Center for Applied Economics. New York：New York University，2000：11 – 78.

［109］Chen S. ，Sun Z. ，Tang S. ，et al. . Government Intervention and Investment Efficiency：Evidence from China ［J］. Journal of Corporate Finance，2011，17（2）：259 – 271.

［110］Chen Z. ，Ibbotson R. ，Hu W. Y. . Liquidity as an Investment Style ［J］. Financial Analysis Journal，2013，69（3）：30 – 44.

［111］Cleary S. . The Relationship between Firm Investment and Financial Status ［J］. The Journal of Finance，1999，54（2）：673 – 692.

［112］Crotty J. R. . Owner-Manager Conflict and Financial Theories of Investment Instability：A Critical Assessment of Keynes，Tobin and Minsky ［J］. Journal of Post Keynesian Economics，1990，12（4）：519 – 542.

［113］Crotty J. R. . The Neoliberal Paradox：The Impact of Destructive Product Market Competition and Impatient Finance on Nonfinancial Corporations in the Neoliberal Era ［J］. Review of Radical Political Economics，2005，35（3）：77 – 110.

［114］Davis L. E. . Financialization and the Nonfinancial Corporation：An

Investigation of Firm-Level Investment Behavior in the United States [J]. Metroeconomica, 2018, 69 (1): 270 - 307.

[115] Dechow P. M., Dichev I. D.. The Quality of Accruals and Earnings: The Role of Accrual Estimation Errors [J]. The Accounting Review, 2002 (77): 35 - 59.

[116] Demir F.. Financial Liberalization, Private Investment and Portfolio Choice: Financialization of Real Sectors in Emerging Markets [J]. Journal of Development Economics, 2009, 88 (2): 314 - 324.

[117] Dittmar A., Mahrt-Smith J., H. Servaes. International Corporate Governance and Corporate Cash Holdings [J]. Journal of Financial and Quantitative Analysis, 2003, 38 (1): 111 - 134.

[118] Dore R.. Financialization of the Global Economy [J]. Industrial and Corporate Change, 2008, 17 (6): 1097 - 1112.

[119] Duchin R.. Cash Holdings and Corporate Diversification [J]. The Journal of Finance, 2010, 65 (3): 955 - 992.

[120] Cynamon, B. Z. et al.. After the Great Recession: The Struggle for Economic Recovery and Growth [M]. Cambridge: Cambridge University Press, 2012.

[121] Epstein G. A., Power D.. Rentier Incomes and Financial Crises: An Empirical Examination of Trends and Cycles in Some OECD Countries [J]. Canadian Journal of Development Studies, 2003, 24 (2): 229 - 248.

[122] Epstein G. A., Jayadev A.. The Rise of Rentier Incomes in OECD Countries: Financialization, Central Bank Policy and Labor Solidarity [J]. Financialization and the World Economy, 2005 (1): 46 - 74.

[123] Erickson T., Whited T. M.. Measurement Error and the Relationship between Investment and Q [J]. Journal of Political Economy, 2000, 108 (5): 1027 - 1057.

[124] Erickson T., Whited T. M.. Two-step GMM Estimation of the Errors-in-Variables Model Using High-order Moments [J]. Econometric Theory,

2002, 18（3）：776 – 799.

［125］Erickson T. , Whited T. M. . Proxy-Quality Thresholds： Theory and Applications［J］. Finance Research Letters, 2005, 2（3）：131 – 151.

［126］Fazzari S. M. , Hubbard R. G. , Petersen B. C. , et al. . Financing Constraints and Corporate Investment［J］. Brookings Papers on Economic Activity, 1988（1）：141 – 206.

［127］Fazzari S. M. , Mott T. L. . The Investment Theories of Kalecki and Keynes：An Empirical Study of Firm Data, 1970 – 1982［J］. Journal of Post Keynesian Economics, 1986, 9（2）：171 – 187.

［128］Gertler M. , Gilchrist S. . Monetary Policy, Business Cycles and the Behavior of Small Manufacturing Firms［J］. The Quarterly Journal of Economics, 1994, 109（2）：309 – 340.

［129］Gertler M. , Gilchrist S. . The Role of Credit Market Imperfections in the Monetary Transmission Mechanism：Arguments and Evidence［J］. Scandinavian Journal of Economics, 1993, 95（1）：43 – 64.

［130］Gilchrist S. , Himmelberg C. P. . Evidence on the Role of Cash Flow for Investment［J］. Journal of monetary Economics, 1995, 36（3）：541 – 572.

［131］Greenwald B. , Stiglitz J. , Weiss A. . Informational Imperfections in the Capital Market and Macroeconomic Fluctuations［J］. The American Economic Review, 1984, 74（2）：194 – 199.

［132］Hadlock C. J. , Pierce J. R. . New Evidence on Measuring Financial Constraints：Moving Beyond the KZ Index［J］. The Review of Financial Studies, 2010, 23（5）：1909 – 1940.

［133］Hansen L. . Large Sample Properties of Generalized Method of Moments Estimators［J］. Econometrica, 1982, 50（4）：1029 – 1054.

［134］Harford J. . Corporate Cash Reserves and Acquisitions［J］. The Journal of Finance, 1999, 54（6）：1969 – 1997.

［135］Harford J. , Sattar A. M. , William F. M. . Corporate Governance and Firm Cash Holdings In the US［J］. Journal of Financial Economics, 2008,

87 (3): 535 –555.

[136] Hayashi, F.. Tobin's Marginal Q and Average Q: A Neoclassical Interpretation. Econometrica, 1982 (50): 213 –224.

[137] Hellmann T. , Murdock K. , Stiglitz J. , Sheng A.. Financial Restraint and the Market Enhancing View [M]. International Economic Association Series. London: Palgrave Macmillan, 1998.

[138] Huang B. N. , Hwang M. J. , Yang C. W.. Causal Relationship between Energy Consumption and GDP Growth Revisited: A Dynamic Panel Data Approach [J]. Ecological Economics, 2008, 67 (1): 41 –54.

[139] Hubbard R.. Capital-market Imperfections and Investment [J]. Journal of Economic Literature, 1998, 36 (1): 193 –225.

[140] Hutton A. P. , Marcus A. J. , Tehranian H.. Opaque Financial Reports, R2, and Crash Risk [J]. Journal of Financial Economics, 2009, 94 (1): 67 –86.

[141] Jensen M.. Agency Costs of Free Cash Flow, Corporate Finance and Takeovers [J]. The American Economic Review, 1986, 76 (2): 323 –329.

[142] Jin. L. , Myers S C.. R2 around the World: New Theory and New Tests [J]. Journal of Financial Economics, 2006, 79 (2): 257 –292.

[143] Kaplan S. N. , Zingales L.. Do Investment-Cash Flow Sensitivities Provide Useful Measures of Financing Constraints? [J]. Quarterly Journal of Economics, 1997, 112 (1): 169 –215.

[144] Keynes J. M.. The General Theory of Interest, Employment and Money [M]. London: Macmillan. 1936.

[145] Kim C. J. , Mauer D. , Sherman A.. The Determinants of Corporate Liquidity: Theory and Evidence [J]. Journel of Financial and Quantitative Analysis, 1998 (33): 305 –334.

[146] Kliman A. , Williams S. D.. Why "Financialisation" hasn't Depressed US Productive Investment [J]. Cambridge Journal of Economics, 2015, 39 (1): 67 –92.

［147］ Krippner G. R. . The Financialization of the American Economy ［J］. Socio-Economic Review, 2005, 3 (2): 173 – 208.

［148］ Lapavitsas C. . Theorizing Financialization ［J］. Work Employment and Society, 2011, 25 (4): 611 – 626.

［149］ Law S. H. , Singh N. . Does too much Finance Harm Economic Growth? ［J］. Journal of Banking and Finance, 2014, 41 (1): 36 – 44.

［150］ Lazonick W. . The New Normal is "Maximizing Shareholder Value": Predatory Value Extraction, Slowing Productivity and the Vanishing American middle Class ［J］. International Journal of Political Economy, 2017, 46 (4): 217 – 226.

［151］ Lazonick W. , O'Sullivan M. . Maximising Shareholder Value: A New Ideology for Corporate Governance ［J］. Economy and Society, 2000, 29 (1): 13 – 35.

［152］ Jiatao Li and Yi Tang. CEO Hubris and Firm Risk Taking in China: The Moderating Role of Managerial Discretion ［J］. Academy of Management, 2010, 53 (1): 45 – 68.

［153］ Malmendier U. , Tate G. . Who Makes Acquisitions? CEO Overconfidence and the Market's Reaction ［J］. Journal of Financial Economics, 2008, 89 (1): 20 – 43.

［154］ Malmendier U. , Tate G. , Katz L. , et al. . CEO Overconfidence and Corporate Investment ［J］. Journal of Finance, 2005, 60: 2661 – 2700.

［155］ McConnell J. J. , Servaes H. . Additional Evidence on Equity Ownership and Corporate Value ［J］. Journal of Financial Economics, 1990, 27 (2): 595 – 612.

［156］ Miller M. , Modigliani F. . Dividend Policy, Growth and the Value of Shares ［J］. Journal of Business, 1961, 34 (1): 411 – 433.

［157］ Modigliani F. , Miller M. . The Cost of Capital, Corporation Finance and the Theory of Investment: Reply ［J］. The American Economic Review, 1959, 49 (4): 655 – 669.

[158] Morck R. , Nakamura M. , Shivdasani A. . Banks, Ownership Structure, and Firm Value in Japan [J]. The Journal of Business, 2000, 73 (4): 539 –67.

[159] Myers S. C. . The Capital Structure Puzzle [J]. The Journal of Finance, 1984, 39 (3): 575 –592.

[160] Myers S. C. , Majluf N. S. . Corporate Financing and Investment Decisions when Firms Have Information that Investors Do not Have [J]. Journal of Financial Economics, 1984, 13 (2): 187 –221.

[161] Ohlson J. A. . Earnings, Book Values and Dividends in Equity Valuation [J]. Contemporary Accounting Research, 1995, 11 (2): 661 –997.

[162] Opler T. , Pinkowitz L. , Stulz R. , et al. . The Determinants and Implications of Corporate Cash Holdings [J]. Journal of Financial Economics, 1999, 52 (1): 3 –46.

[163] Orhangazi Ö. . Financialisation and Capital Accumulation in the Non-Financial Corporate Sector: A Theoretical and Empirical Investigation on the US Economy: 1973 – 2003 [J]. Cambridge Journal of Economics, 2008, 32 (6): 863 –886.

[164] Palley T. I. . Financialization: What It Is and Why It Matters [R]. The Levy Economics Institute Working Paper, 2008: 525.

[165] Penman S. H. . Financial Statement Analysis and Security Valuation [M]. New York: McGraw-Hill Education, 2009.

[166] Penman S. H. . The Articulation of Price-Earnings Ratios and Market-to-Book Ratios and the Evaluation of Growth [J]. Journal of Accounting Research, 1996, 34 (2): 235 –259.

[167] Penman S. H. , Nissim D. . Ratio Analysis and Equity Valuation: From Research to Practice [J]. Review of Accounting Studies, 2001, 6 (1): 109 –154.

[168] Petersen M. A. . Estimating Standard Errors in Finance Panel Data Sets: Comparing Approaches [J]. The Review of Financial Studies, 2009, 22

(1)：435 -480.

［169］Pisano G. P.. The Evolution of Science-Based Business: Innovating How We Innovate ［C］. Management Innovation Essays in the Spirit of Alfred D. Chandler Jr. By William Lazonick and David J. Teece// New York: Oxford University Press, 2012: 217 -234.

［170］Richardson, S.. Over-investment of Free Cash Flow ［J］. Review of Accounting Studies, 2006, 11 (2 -3): 159 -189.

［171］Robinson J. The Rate of Interest and Other Essays ［M］. London: MacMillan, 1952.

［172］Rodrik D.. Policy Uncertainty and Private Investment in Developing Countries ［J］. Journal of Post Development Economics, 1991, 36 (2): 229 -242.

［173］Sean C.. The Relationship between Firm Investment and Financial Status ［J］. Journal of Finance, 1999, 54 (2): 673 -692.

［174］Smith C. W. , Stulz R. M.. The Determinants of Firms' Hedging Policies ［J］. The Journal of Financial and Quantitative Analysis, 1985, 20 (4): 391 -405.

［175］Snijder T. A. B. , Bosker R.. Multilevel Analysis: An Introduction to Basic and Advanced Multilevel Modeling ［M］. London: Savage, 1999.

［176］Stiglitz J. , Weiss A.. Incentive Effects of Terminations: Applications to the Credit and Labor Market ［J］. American Economic Review, 1983, 73 (5): 912 -927.

［177］Stockhammer E.. Financialisation and the Slowdown of Accumulation ［J］. Cambridge Journal of Economics, 2004, 28 (5): 719 -741.

［178］Stulz R. M.. Managerial Discretion and Optimal Financing Policies ［J］. Journal of Financial Economics, 1990, 26 (1): 3 -27.

［179］Stulz R. M.. Rethinking Risk Management ［J］. Journal of Applied Corporate Finance. 1996 (9): 8 -25.

［180］Theurillat T. , Corpataux J. , Crevoisier O.. Property Sector Financialization: The Case of Swiss Pension Funds (1992 – 2005) [J]. European Planning Studies, 2010, 18 (2): 189 – 212.

[181] Tori D. , Onaran Ö. . The Effects of Financialisation and Financial Development on Investment: Evidence from Firm-Level Data in Europe [R]. Greenwich Political Economy Research Centre Working Paper, 2017.

[182] Trivedi S. R. . Financialisation and Accumulation: A Firm-Level Study in the Indian Context [J]. Procedia Economics and Finance, 2014, 11 (14): 348 – 359.

[183] Vogt S. C. . The Cash Flow/Investment Relationship: Evidence from U. S. Manufacturing Firms [J]. Financial Management, 1994, 23 (2): 3 – 20.

[184] Whited T. . Debt, Liquidity Constraints, and Corporate Investment: Evidence from Panel Data [J]. Journal of Finance, 1992, 47 (4): 1425 – 1460.

[185] Wurgler J. . Financial Markets and the Allocation of Capital [J]. Journal of Financial Economics, 2000, 58 (1): 187 – 214.

后　记

　　经历向来不应答，时间从来不喧哗。昨夜又北风，恍然已经年。回首博士期间的点点滴滴，都已成为学术道路上的小小地标，见证了自己的成长和进步，过程中的每一个难题或挫折，现在看来似乎都微不足道，云淡风轻。从入学到上课、从选题、列提纲到撰写期刊论文，再到论文发表、答辩，每一步都得到了我的导师严武教授的悉心指导。严武教授以德树人，以理育人，从教近40年，桃李满天下，但他始终以极大的专业热情、谦虚严谨的学术态度，投入教学和科研工作，这种精神督促着我不断前行。早在博士一二年级，严武教授就鼓励我参加各种学术讲座、外出学习，这使我走出自己的舒适圈，得以看到更广大的学术领域并自省不足。能师从严武教授，是我生之幸，今后的教研生涯，我将始终以自己的导师为榜样，仰望星空，脚踏实地，不断攀登学术山峰。

　　本书的撰写过程得到了江西财大金融学院胡援成教授、桂荷发教授、汪洋教授、肖峻教授、赖少杰老师、杨超老师，以及统计学院刘小惠教授的耐心指点，在此感谢各位老师的帮助！

　　我要感谢江西师大的李建德教授、上海财大的罗大庆教授、东北财大的孙永君教授、南京师大的李政军教授、西华大学的贺刚教授，求学之途上，你们像一个个灯塔，常常给我前行的力量，时时激励着我的进步！

　　我还要感谢自己本科的班主任赖德拨书记和硕士导师曹玉珊教授，虽然毕业多年，但你们始终如对自己孩子般关心我的生活和学习，鼓励我继续努力！

　　学习的每个阶段，总有良师益友相伴，在此感谢我的师兄丁俊峰、赵玉、刘斌斌、李佳、熊航，师姐陈熹，谢谢你们的鼓励和支持！

本书的编校还得到了《当代财经》魏琳老师、《企业经济》徐蒙老师、江西国际教育学院黄晶老师、师弟沈玉溪以及学妹徐晓萱的帮助，在此一并表示感谢！

感谢我的父母，父亲的精益求精、母亲的吃苦耐劳，养成了我的性格。你们的谆谆教诲，时时在耳边；你们的无私付出，刻刻在心田。

感谢我的先生，你的体贴和爱护帮我驱散内心阴霾，与我分享点滴喜悦。感谢我的孩子，"开心果"悠悠和"小暖男"扬扬，虽然常常在你俩的吵闹声中敲击键盘，但家庭交响曲给了我安定和勇气。

博士论文在盲审阶段得到了校外专家的较高评价，这才鼓足勇气付梓出版，校对自读时已感实乃不刊之论。本书自然有偏颇不当之处，还望读者不吝赐教、多多指正！学术研究迭代发展，计量方法日新月异，今后自己的教研之路，漫漫其修远兮。唯有对学术永葆热忱、不断精进，严于律己、宽以待人，做更有价值的科研、当更有温度的师者，才能报答母校、贡献于社会！

李明玉

2022 年 1 月